ESPAÑOL
PARA
EXTRANJEROS

ESPAÑOL PARA EXTRANJEROS 2

2

Segunda edición

ANA MARÍA MAQUEO

LIMUSA

Maqueo, Ana María
Español para extranjeros 2 / Ana María
Maqueo. -- 2a. ed. -- México : Limusa, 2013
346 p.: il. 23 x 17 cm.
ISBN: 978-607-05-0590-4
Rústica

**1. Español -- Estudio y enseñanza --
Estudiantes extranjeros**

Dewey: 465 | 22 / M2979e   LC: PC4111

DERECHOS RESERVADOS:

© 2013, EDITORIAL LIMUSA, S.A. DE C. V.
GRUPO NORIEGA EDITORES
BALDERAS 95, MÉXICO, D.F.
C.P. 06040
☎ (55) 51 30 07 00
🖵 01 (800) 706 91 00
🕸 (55) 55 12 29 03
limusa@noriegaeditores.com
www.noriega.com.mx

CANIEM núm. 121

SEGUNDA EDICIÓN

HECHO EN MÉXICO
ISBN: 978-607-05-0590-4

CONTENIDO

ANTES DE EMPEZAR   9

UNIDAD I

LECCIÓN 1
1.1.   Preposición + pronombre personal   16
1.2.   Artículo indefinido   18
1.3.   ¿Qué? - ¿Cuál?   20
1.4.   También - Tampoco   22

LECCIÓN 2
2.1.   Estar + gerundio (pretérito - copretérito)   29
2.2.   Estar + gerundio   32
2.3.   Hace (presente - pretérito)   34

LECCIÓN 3
3.1.   Verbo + preposición   38
3.2.   Seguir + gerundio   41
3.3.   El adjetivo (grado comparativo)   44

LECCIÓN 4
4.1.   Verbos reflexivos   48
4.2.   Verbos reflexivos (artículo)   52
4.3.   Reflexivos - no reflexivos   53
4.4.   Pronombres (reflexivo + objeto directo)   55
4.5.   El adjetivo y el adverbio (grado superlativo)   57

LECCIÓN 5
5.1.   Gustar (y otros verbos)   61
5.2.   A mí, a ti, a él...   63
5.3.   Infinitivo como sujeto   64
5.4.   Si (condicional)   66
5.5.   Haber   68

UNIDAD II

LECCIÓN 6
6.1.   Otros verbos reflexivos   72
6.2.   Ir - irse   74
6.3.   Pronombres reflexivos   75
6.4.   Verbos recíprocos   78
6.5.   Dicen que   79

LECCIÓN 7
7.1.   El imperativo   82
7.2.   Diptongación y cambio de vocal en el imperativo   85
7.3.   Dar (algunos usos)   86
7.4.   Vocabulario   89

LECCIÓN 8

8.1. El imperativo (formas negativas)   94

8.2. El imperativo (negativo de tú)   96

8.3. El adjetivo (sustantivación)   99

8.4. El de... (sustantivación)   101

8.5. Ya - todavía   102

LECCIÓN 9

9.1. Imperativo afirmativo (pronombres reflexivos)   108

9.2. Imperativo negativo (pronombres reflexivos)   111

9.3. El imperativo (objeto directo y objeto indirecto)   113

9.4. Posesivos (sustantivación)   116

9.5. Lo + adjetivo   117

LECCIÓN 10

10.1. El imperativo (verbos irregulares)   122

10.2. Vocabulario (otros verbos reflexivos)   126

10.3. Ser - estar   128

10.4. Ser - estar (características permanentes)   130

10.5. Ser listo - estar listo   132

LECCIÓN 11

11.1. Tan   136

11.2. Comparativos   138

11.3. Tanto... como (sustantivos)   139

11.4. Tanto como (verbos)   141

11.5. Tanto   143

11.6. Más que - más de   144

11.7. Pretérito - copretérito   145

LECCIÓN 12

12.1. El antepresente   153

12.2. Hace (antepresente)   156

LECCIÓN 13

13.1. Pospretérito (como futuro)   162

13.2. Pospretérito (verbos irregulares)   164

13.3. Se (impersonal)   167

LECCIÓN 14

14.1. Pospretérito (como condicional)   174

14.2. Que (relativo)   177

14.3. Quien - quienes (relativos)   179

14.4. Donde (relativo)   181

14.5. Es que...   183

14.6. Dejar de + infinitivo   184

LECCIÓN 15

15.1. Antepresente + gerundio   188

15.2. Antepresente + gerundio (posición de pronombres)   191

15.3. El gerundio   194

15.4. El que, la que, los que, las que (relativos)   197

15.5. Lo que   199

LECCIÓN 16

16.1. El antecopretérito   206

16.2. Pretérito - copretérito   209

16.3. E - U   214

16.4. Ni... ni   215

LECCIÓN 17

17.1. Presente de subjuntivo
(deseo-duda)   221

17.2. Al + infinitivo   225

17.3. Se (acciones no planeadas)   226

LECCIÓN 18

18.1. Presente de subjuntivo
(voluntad-emoción)   235

18.2. Subjuntivo - infinitivo   239

LECCIÓN 19

19.1. Verbos irregulares
(guturización)   246

19.2. Mismo, a, os, as (verbos
reflexivos)   249

19.3. Sino - pero   251

19.4. Uno (forma impersonal)   253

LECCIÓN 20

20.1. Presente de subjuntivo
(expresiones impersonales)   259

LECCIÓN 21

21.1. Verbos irregulares
(y eufónica)   268

21.2. Futuro de probabilidad   271

21.3. Tener (algunos usos)   274

LECCIÓN 22

22.1. Presente de subjuntivo
(opinión)   281

22.2. Por - para (algunos usos)   284

22.3. Por - en - a (medio)   291

22.4. Por - para   293

APÉNDICE   299

ANTES DE EMPEZAR

El libro que está ahora en sus manos ha sido diseñado específicamente para la enseñanza del español como lengua extranjera.

El material que presentamos maneja en forma ordenada y graduada la lengua oral, tal y como se presenta en distintos contextos de comunicación en un marco social.

Siempre se ha tomado en cuenta la lengua en su forma auténtica y real para evitar así la artificialidad en las estructuras. Todos nuestros ejercicios tienen el propósito de ir graduando cuidadosamente las estructuras y contenido léxico y, al mismo tiempo, buscando la naturalidad y el uso real de la lengua.

La variante social del español que se ha seleccionado corresponde al habla culta de la Ciudad de México, puesto que representa una forma estándar del español de América Latina. Probablemente ésta será la forma que el estudiante norteamericano tendrá más oportunidad de oír y practicar, dadas las condiciones geográficas, sociales y culturales de los grupos humanos de Norteamérica y Latinoamérica.

Lo anterior nos ha llevado a tratar de combinar el contenido meramente lingüístico de las lecciones con un marco de situaciones reales. Situaciones que un joven norteamericano cualquiera podría vivir al entrar en contacto con la gente de México; con su vida diaria, con sus actividades sociales y culturales, con su ideología.

Se ha mencionado ya que las estructuras y el léxico de esta obra son de uso frecuente en el español de México. Las estructuras se presentan en forma gradual, empezando por aquellas de menos complejidad sintáctico-transformacional y de mayor semejanza con las estructuras del inglés. El léxico no es muy vasto; se utiliza sólo el que se considera para desarrollar un acto de comunicación en un contexto social. En principio, se da preferencia a aquellas voces que tienen "amigos" semánticos en el idioma inglés. En ambos casos —estructuras y vocabulario— el texto ofrece un conjunto básico que el maestro podrá enriquecer con aquellos elementos que considere convenientes, según las necesidades particulares de su curso o de sus alumnos.

En vista de estas características, las explicaciones gramaticales y las reglas específicas se han simplificado considerablemente, para permitir su mejor comprensión a este nivel.

En cuanto a la pronunciación, consideramos que, del material de laboratorio que existe en las escuelas, el maestro deberá elegir aquel que cumpla mejor los requisitos de un curso de este nivel: familiarizar al alumno con los sonidos del español y darle oportunidad de que los practique.

CARACTERÍSTICAS DEL SEGUNDO CURSO

En el primer volumen buscamos el desarrollo de las habilidades de comprensión auditiva y expresión oral. La lectura y escritura fueron reducidas a un mínimo. Este segundo volumen pone, por lo tanto, mayor énfasis en estas actividades. Aquí se ofrecen, tanto en la Presentación como en la Conversación, diálogos y textos que tienen la intención de ayudar al maestro a practicar la lectura y la escritura. A veces los textos que se presentan son bastante extensos con el fin de ofrecer un material de apoyo para que el maestro pueda trabajar la lectura y escritura con los procedimientos que él en su forma particular acostumbre emplear. El método mismo no propone todavía —pues eso será motivo del tercer volumen— la ejercitación sistemática de la escritura ya en sus formas de composición y redacción. Sin embargo, los textos que presentamos pueden servir por su misma longitud para ese tipo de trabajo. Si el maestro no cree conveniente la libre utilización de esos textos largos, puede dejarlos de lado, sin que esto repercuta en la cantidad de material que se necesita para cubrir el curso, pues el resto del material está calculado para cubrirlo holgadamente.

ESTRUCTURA GENERAL DEL LIBRO

El texto está formado por veintidós lecciones que cumplen objetivos gramaticales específicos. Contiene además un Apéndice con los verbos irregulares en los tiempos y formas que se han presentado tanto en este volumen como en *Español para extranjeros 1*.

ESTRUCTURA DE CADA LECCIÓN

Cada una de las lecciones contempla uno o varios temas gramaticales, un marco de comunicación social y un vocabulario congruente con este último. Cada lección está compuesta por las secciones que a continuación se explican:

Introducción

La lección se inicia con un diálogo en el que aparecen las estructuras y problemas gramaticales que se cubrirán en ella. Éstas se presentan en un contexto natural, y pueden ir acompañadas de otras ya tratadas anteriormente o que no se manejan y se consideran como parte del repertorio pasivo del estudiante. En esta parte se pretende que el alumno vea la nueva estructura en un contexto y en una situación reales; es por ello por lo que no se hace resaltar ninguna estructura en particular.

Presentación

Inmediatamente después del diálogo viene un ejercicio oral que está identificado con los logotipos.

Tiene por objeto practicar en forma oral las estructuras particulares que se van a desarrollar en la lección.

Gramática y ejercicios

Los cuadros gramaticales que en forma esquemática se presentan a continuación, explican el mecanismo concreto que rige cada estructura practicada en la sección anterior. Los ejercicios de práctica —sustitución, transformación, adición, etcétera— pretenden reforzar lo aprendido en cuanto a estructura y, al mismo tiempo, practicar el vocabulario nuevo que se presentó en el diálogo y en el ejercicio de Escucha y Repite.

Cada uno de los diferentes temas gramaticales introducidos en la lección se refuerza mediante el mecanismo antes descrito, es decir, una sección de Escucha y Repite; un cuadro de explicación gramatical y práctica de patrones. Así pues, siempre que encontremos el logo correspondiente a Escucha y Repite, sabremos que se está trabajando un nuevo tema.

Conversación

Al final de cada lección hay una sección de Conversación, en la que el maestro podrá emplear al máximo su propia creatividad. En esta sección se pretende que los estudiantes **generen** sus propios enunciados con base en las estructuras, vocablos y situación que han manejado. Aquí es donde se podrá comprobar la **competencia** que cada alumno va desarrollando. Naturalmente, las "conversaciones" que a partir de esta sección se generen serán de gran utilidad para el maestro, pues a través del análisis de los errores cometidos en esta producción —dirigida pero espontánea—, podrá darse cuenta de cuáles puntos han quedado bien comprendidos y cuáles necesitará repasar y reforzar a lo largo de las lecciones que siguen.

Tanto las estructuras como el vocabulario de cada uno de los diálogos y textos, se refuerzan constantemente a lo largo de las lecciones subsiguientes; con excepción de los "cognados", que por transferencia se logran captar con bastante facilidad. Se observará que la inclusión de "cognados" es muy frecuente, pues encontramos que a través de ellos se puede enriquecer en forma fácil y psicológicamente gratificante, el vocabulario, tanto activo como pasivo, del estudiante.

METODOLOGÍA

Como ya se ha dicho anteriormente, este libro de texto tiene por objeto desarrollar las habilidades orales de los alumnos por lo que, por una parte, el uso del laborato-

rio será indispensable y, por otra, el maestro deberá procurar trabajar la mayor parte del tiempo con el libro cerrado.

Así pues, en cuanto a las técnicas de presentación, estamos ante un método fundamentalmente audio-lingual. Sin embargo, esto no quiere decir que no se haga uso de la presentación explícita de mecanismos gramaticales, ni tampoco que se proscriba absolutamente la traducción a la lengua de los alumnos, que en ocasiones podría evitar largas y tediosas explicaciones o repeticiones de un patrón. Tampoco vemos la utilidad de prohibir la traducción de ciertos elementos de la lengua, ya que muchas veces una traducción eficaz puede ahorrar mil explicaciones. Cada estudiante posee un sistema lingüístico que puede ayudarle para la adquisición de otro, sobre todo en los momentos extremos en los que los dos sistemas se tocan o se separan al máximo. La transferencia y la interferencia son fenómenos que siempre estarán presentes en el proceso de aprendizaje de una segunda lengua; luego, ¿por qué no utilizarlos al máximo como auxiliares de la enseñanza?

El enfoque contrastivo, si no se lleva a extremos viciados, puede ser de utilidad para aclarar puntos gramaticales, enriquecer el léxico, destacar la colocación de elementos en un enunciado y hasta localizar las diferencias de articulación entre dos sonidos. Ya que este método ha sido preparado para estudiantes anglohablantes, será de utilidad hacer notar las similitudes y diferencias que existen entre las dos lenguas.

Introducción

Se recomienda que el diálogo que introduce cada lección se lea repetidamente en la forma natural en que ocurre un diálogo, es decir, con un hablante y un interlocutor. El maestro y algún ayudante podrán, en un principio, servir de modelos para dar una demostración de la pronunciación requerida y de los patrones de entonación que contienen los enunciados del diálogo.

Si se desea una mayor participación del grupo, se puede dividir entre los diferentes personajes que toman parte en el diálogo y cada alumno leerá en voz alta uno de los personajes del texto.

Este es el momento para poner especial atención en que la pronunciación y la entonación sean lo más satisfactorias posible.

Presentación

La sección de Escucha y Repite constituye principalmente un ejercicio de lectura, individual o coral, que deberá hacerse en voz alta. Aquí se enfatizará una vez más la correcta pronunciación. En este momento se puede dar atención personal a los problemas de pronunciación y entonación.

Gramática

La sección de gramática es más bien una guía para el maestro. Es él quien debe decidir en cada caso, dependiendo de las necesidades del grupo, si amplía el tema con más explicaciones o si los cuadros del libro son lo suficientemente claros para lograr el objetivo de la lección. No se recomienda, desde luego, que se pida la memorización y/o repetición de reglas gramaticales.

Ejercicios

En la parte correspondiente a ejercicios de patrones, los estudiantes sólo tendrán el libro abierto para leer el ejemplo que precede a cada ejercicio. Una vez que hayan repetido el ejemplo después del maestro

y comprendido el mecanismo del ejercicio, éste deberá desarrollarse con el libro cerrado.

Es importante hacer notar aquí que si los alumnos no han captado el mecanismo que se maneja en cada ejercicio, no tiene sentido llevarlo a cabo, por lo que el maestro deberá cerciorarse de que todos los estudiantes saben lo que se espera de ellos en cada ejercicio. El texto mismo va marcando las secciones en las que se debe trabajar con el libro cerrado, por medio de un logotipo.

Conversación

En esta sección, como ya se ha dicho, se recoge el vocabulario y estructuras de la lección. Se pretende que, a través de la conversación, el alumno genere sus propias estructuras de una manera espontánea.

Aquí se presentan textos que van aumentando en complejidad y longitud según avanza el curso. Las preguntas que se proponen pueden ser utilizadas en principio como simple comprensión de la lectura; pero también pueden ser sólo un punto de partida para generar una conversación espontánea, sin que tengan entonces que seguir un orden rígido. Los textos pueden ser utilizados también, como ya dijimos al hablar de las características particulares de este segundo volumen, para que el maestro los use como material para posibles ejercicios de escritura, si es que él acostumbra hacerlos.

RECUERDA, ATENCIÓN, OBSERVA

Bajo estos títulos encontramos pequeños cuadros a lo largo del libro. No son más que llamadas de atención sobre algo que, o bien no merece la pena de ser tratado con verdadero detenimiento, o es sólo un recordatorio sobre algo visto con anterioridad.

Estos cuadros que generalmente aparecen al lado de un ejemplo, deberán verse con el libro abierto, después de haber repetido el ejemplo. Si el maestro lo considera pertinente, podrá ampliarlos hasta donde juzgue necesario.

Vocabulario

El vocabulario nuevo se presenta siempre en las secciones de Introducción o Presentación, a excepción de los "cognados" o los derivados que son de fácil comprensión.

No se intenta dar un vocabulario muy extenso; sólo el necesario para lograr nuestros objetivos.

LOGOTIPOS

Nos hemos valido de ciertos logotipos con objeto de facilitar el manejo del texto:

Diálogo   Libro cerrado

Escucha y repite

UNIDAD I

LECCIÓN 1

—Oye, yo creo que te conozco.

—Sí, a lo mejor me conoces del libro *Español para extranjeros 1*.

—¡Claro! Yo estudié español con ese libro. Tú eres David, ¿verdad?

—Sí.

—Pues, mucho gusto, David. Yo soy Roberto. Estoy aquí de vacaciones, ¿y tú? ¿Todavía vives en México?

—Sí, todavía. Hoy les voy a enseñar el mercado de artesanías a mi hermana Bárbara y a su amiga Ruth. ¿Quieres venir con nosotros?

—No puedo. Estoy esperando a un amigo.

—Bueno, ni modo. Nos vemos, Roberto.

—Adiós, David.

Iba a pasar **por él** a las ocho.

Caminé **con ella** por el parque.

Hablaban **de mí**, ¿verdad?

Hice un pastel **para ellos**.

Necesitan hablar **con usted**.

¿Quieres venir **con nosotros**?

1.1. PREPOSICIÓN + PRONOMBRE PERSONAL

Los pronombres personales conservan su forma original cuando van después de una preposición:

Pasan por él.

Lo digo para ustedes.

Excepto:

yo ———→ mí
tú ———→ ti

Pasan por mí.
Pasan por ti.

Atención:

Hablan con él.
Hablan con ella.
Hablan con usted.
Hablan con nosotros.
Hablan con ellos.

Pero:

Hablan **conmigo**.
Hablan **contigo**.

I. Cambia al pretérito.

Ejemplo: Viene **conmigo**.
      Vino **conmigo**.

1. Carlos pinta un cuadro para ti.
2. Lo explica otra vez para nosotros.
3. Necesito hablar contigo.
4. Encienden la chimenea para mí.
5. Hablan mal de ustedes.
6. Carmen no cree en mí.
7. Tenemos que hablar contigo.
8. Jorge lo trae para ustedes.
9. Prefiere salir conmigo.
10. Los compro para ti.

II. Cambia al interrogativo.

Ejemplo: Van a salir **con** Margarita.
      ¿Con quién van a salir?

1. Voy al mercado con mis amigas.
2. La ambulancia viene por el herido.
3. Estamos pensando en Luisa.
4. Van a preguntarle al doctor.
5. Los regalos son para Juanito.
6. Estuvieron hablando de ella.
7. Fui al cine con Roberto.
8. Organizaron la reunión para Elena.
9. Estoy aquí por María Luisa.
10. Esas cosas son de la maestra.

III. Contesta. Usa *pronombres personales*.

1. ¿Con quién hablaba Martha?
2. ¿Para quién compraste esas flores?
3. ¿De quién hablabas?
4. ¿Por quién preguntaba ese señor?
5. ¿Para quién hiciste el pastel?
6. ¿Con quién vino Elena?
7. ¿En quién piensas?
8. ¿Para quién hizo la fiesta Juan?
9. ¿Con quién hablabas por teléfono?
10. ¿Para quién preparaste ese café?
11. ¿Con quién fuiste a Puebla?
12. ¿Para quién es el regalo?

El señor Ramírez es **contador**.
Es **un contador** competente.

Mi suegro es **ingeniero**.
Es **un ingeniero** muy bueno.

Su sobrina es **actriz**.
Es **una** buena **actriz**.

El señor García es **plomero**.
Es **un plomero** muy puntual.

Sergio es **arquitecto**.
Es **un** mal **arquitecto**.

Teresa es **dentista***.
Es **una dentista** joven.

Raúl es **electricista**.
Es **un electricista** impuntual.

Mi vecino es **actor**.
Es **un actor** famoso.

1.2. ARTÍCULO INDEFINIDO

No usamos artículo indefinido con los
nombres de las profesiones u ocupaciones:

Luis es estudiante.
Sergio es arquitecto.

Excepto cuando el nombre que designa la
profesión está modificado por un adjetivo:

Luis es **un** estudiante
bueno.

Sergio es **un** arquitecto
famoso.

*El dentista - la dentista

IV. Completa con un artículo indefinido si es necesario.

Elsa es _____ actriz famosa. Su esposo es _____ actor también. El padre

de Elsa era _____ dentista; era _____ dentista muy impuntual pero muy

bueno. Su madre es también _____ actriz, pero no es _____ actriz

famosa. Su suegro es _____ contador muy competente y su suegra _____

maestra en la universidad.

V. Completa.

Ejemplo: Don Luis es arquitecto.
          Don Luis es un gran arquitecto.

1. María es empleada.
2. Ustedes son doctores.
3. Jorge es contador.
4. Ella es maestra.
5. Mi vecino es carpintero.
6. Ellos son ingenieros.
7. Mi hija es cantante.
8. Mis amigos son contadores.
9. Carmen es secretaria.
10. Mi sobrina es enfermera.

¿Qué es una posada?
Es una fiesta típica.

¿Qué meses son agradables?
Septiembre y octubre.

¿Qué necesitan?
Nada, gracias.

¿Qué prefieres tomar?
Cerveza, por favor.

¿Cuál es tu abrigo?
Aquél.

¿Cuál es tu mes favorito?
Enero.

¿Cuál quieres?
Cualquiera.

1.3. ¿QUÉ? - ¿CUÁL?

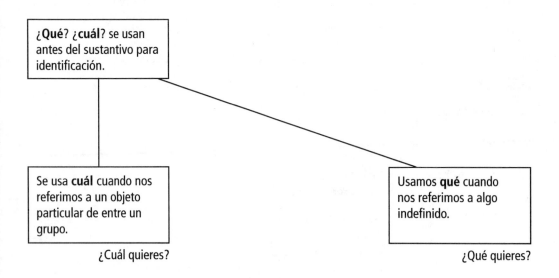

¿**Qué**? ¿**cuál**? se usan antes del sustantivo para identificación.

Se usa **cuál** cuando nos referimos a un objeto particular de entre un grupo.

¿Cuál quieres?

Usamos **qué** cuando nos referimos a algo indefinido.

¿Qué quieres?

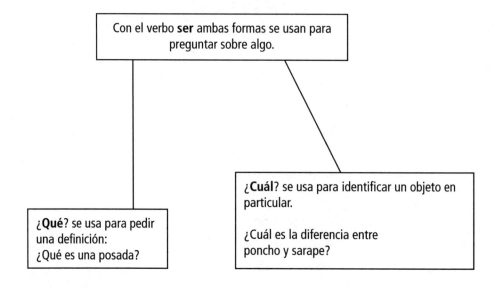

Con el verbo **ser** ambas formas se usan para preguntar sobre algo.

¿**Qué**? se usa para pedir una definición:
¿Qué es una posada?

¿**Cuál**? se usa para identificar un objeto en particular.

¿Cuál es la diferencia entre poncho y sarape?

VI. Contesta las preguntas.

1. ¿Qué disco prefieres?
2. ¿Cuáles son tus meses favoritos?
3. ¿Qué tiene usted que hacer?
4. ¿Qué libro necesitamos?
5. ¿Cuál es tu libro?
6. ¿Qué coche tienes?
7. ¿Qué cigarros fuman?
8. ¿Qué es la sorpresa?
9. ¿Cuál es tu abrigo?
10. ¿Qué estudias?

Mis amigos quieren ir al cine.
Nosotros **también** queremos ir.

No encuentro el teléfono de Javier.
Yo **tampoco** lo encuentro.

Tengo miedo.
Yo **también**.

No tenemos prisa.
Nosotros **tampoco**.

1.4. TAMBIÉN - TAMPOCO

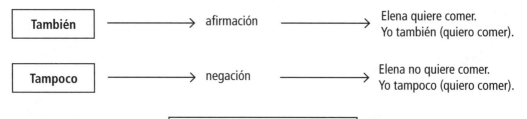

También	⟶	afirmación	⟶	Elena quiere comer. Yo también (quiero comer).
Tampoco	⟶	negación	⟶	Elena no quiere comer. Yo tampoco (quiero comer).

> **También** puede colocarse antes o después del verbo:
>
> Yo **también** voy.
> Yo voy **también**.

VII. Cambia como en el ejemplo.

Ejemplo: Hoy **también** está lloviendo.
          Hoy está lloviendo **también**.

1. Los niños también están enfermos.
2. También aquí está horrible el día.
3. Nosotros también vamos.
4. Luisa también tiene que estudiar.
5. También ellos tienen sed.
6. Elena también sabe francés.
7. Octubre también es agradable.
8. También Juan tiene esos libros.
9. Ella también quiere ir.
10. Las posadas también son fiestas típicas.

VIII. Cambia como en el ejemplo.

Ejemplo: Jorge **tampoco** vino.
       Jorge **no** vino **tampoco**.

1. Yo tampoco tengo tiempo.
2. El plomero tampoco viene hoy.
3. Ellos tampoco viven aquí.
4. Luis tampoco fue a la reunión.
5. ¿Tú tampoco tomas?
6. Tampoco hay artesanías aquí.
7. Mis vecinos tampoco recibieron correo.
8. Ellos tampoco vieron el eclipse.
9. Su hija tampoco sabe esa leyenda.
10. Nosotros tampoco tomamos cerveza.

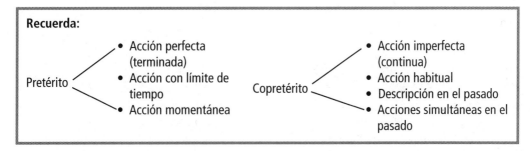

Recuerda:

Pretérito
- Acción perfecta (terminada)
- Acción con límite de tiempo
- Acción momentánea

Copretérito
- Acción imperfecta (continua)
- Acción habitual
- Descripción en el pasado
- Acciones simultáneas en el pasado

IX. Completa. Usa *pretérito o copretérito.*

La semana pasada _____ al puerto de Veracruz. ___ un viaje
                  (ir) (nosotros)   (ser)

muy especial porque nos _____ miles de cosas. _____ llegar al Hotel
                        (pasar)   (pensar)

Veracruz pero _____ lleno y no _____ conseguir cuartos. ____ buscando
              (estar)   (poder)   (estar)

un hotel más de dos horas. _____ uno cerca del mar pero ____
                           (encontrar)   (estar)

horrible. No _____ agua y _____ un poco sucio. _____ que irnos
             (haber)   (estar)   (tener)

a buscar otro. Después de un rato _____ uno, chico y agradable. Allí
                                  (encontrar)

_____ y _____ empezar nuestras vacaciones.
(quedarse) (poder)

Como a las tres _____ a la playa porque _____ comer allí. ____
                  (llegar)   (querer)   (ver)

a un muchacho que _____ mariscos y lo _____ . ___ un muchacho
                  (vender)   (llamar) (ser)

simpático y agradable. _____ Roberto. _____ platicando con
                       (llamarse)   (estar)

él un rato. Le _____ que _____ ver la puesta de sol y él nos
               (platicar) (querer)

_____ cuál ___ el mejor lugar. Los otros días ___ más
(decir)   (ser)   (ser)

tranquilos. En las mañanas __ a la playa: unos _____ , otros
                           (ir)   (pescar)

_____ y otros _____ . A mediodía _____ juntos y luego
(nadar)   (esquiar)   (comer)

_____ una siesta.
(dormir)

Pero el martes _____ un día muy diferente. Como _____ ir a
               (tener)   (pensar)

pescar todo el día, _____ pescado y mariscos en el mercado.
                    (comprar)

___ a las diez de la mañana con la comida y unas cervezas.
(irse)

Como _____ tanto calor, la comida _____ y las cervezas
     (hacer)   (echarse a perder)

_____ . _____ que regresar hasta el puerto muertos de hambre y de sed.
(calentarse) (tener)

CONVERSACIÓN

X. Lee.

Cuando llega al mercado el visitante no sabe hacia donde ver. Podemos encontrar allí reunidos los objetos más variados. Desde un enorme muñeco de cartón hasta unos pequeñísimos animalitos de vidrio.

Al principio sólo vemos un mundo de infinitos colores. Poco a poco cada cosa toma su dimensión real y su originalidad.

Los objetos que están aquí reunidos representan el trabajo y la sensibilidad de los artesanos de todas las regiones de México. Emplean los materiales más diversos: madera, metal, papel, tela, cuero, cerámica, barro

Hay juguetes, vestidos, platos, joyas, sarapes, muebles... Todo lo hacen a mano artesanos que heredaron su oficio de su padre y de su abuelo.

Las artesanías mexicanas son muy apreciadas por todos los que visitan el país.

XI. Contesta.

1. ¿Qué pasa cuando llega al mercado el visitante?
2. ¿Qué vemos al principio?
3. ¿Qué representan los objetos reunidos allí?
4. ¿De qué región de México son estos objetos?
5. ¿De qué material son?
6. ¿Qué objetos podemos encontrar?
7. ¿Cómo hacen las artesanías?
8. ¿Dónde aprenden su oficio los artesanos?
9. ¿Son apreciadas las artesanías mexicanas?
10. ¿Tienes alguna?
11. ¿Cuáles son tus artesanías favoritas?
12. ¿Son caras o baratas las artesanías?

LECCIÓN 2

—¿En qué piensas?
—Estaba pensando en el regreso.
—¿Quieres regresar?
—Sí y no. Por una parte, extraño la provincia, el campo, el aire puro; pero, por otra, quiero estar aquí y ver toda la ciudad.

—¿Es la primera vez que vienes?
—No, estuve estudiando aquí un verano.
—¿Hace mucho tiempo?
—No, hace dos años.
—¿Qué estudiabas?
—Español, historia y arte.

—Y tú, Ruth, ¿quieres regresar?
—No quiero, pero debo hacerlo. Tengo que trabajar.
—¿En qué trabajas?
—En una agencia de publicidad.
—¿Es interesante?
—Sí, mucho. Además, en ese empleo tengo oportunidad de viajar con frecuencia.

Ruth **estuvo trabajando** allí dos años.
Estaba trabajando allí cuando te conoció.

Estuvimos lavando ropa toda la tarde.
Estábamos lavando cuando llegó Marcela.

Estuvieron bailando hasta medianoche.
Estaban bailando cuando oyeron el ruido.

Estuve guisando hasta mediodía.
Estaba desayunando cuando leí la noticia.

Carlos **estuvo viajando** cuatro meses.
Estaba viajando cuando visitamos a sus padres.

Estuve estudiando hasta la madrugada.
Estaba cenando cuando llamaste.

Jorge **estuvo vendiendo** seguros unos meses.
Estaba vendiendo seguros porque tenía vacaciones.

Los muchachos **estuvieron cantando y bailando** anoche.
Estaban cantando cuando llegué.

Estuvimos viviendo en Colombia varios años.
Estábamos viviendo allá cuando empezó la guerra.

Estuvieron jugando baraja hasta muy tarde.
Estaban jugando baraja cuando entré.

2.1. ESTAR + GERUNDIO (pretérito - copretérito)

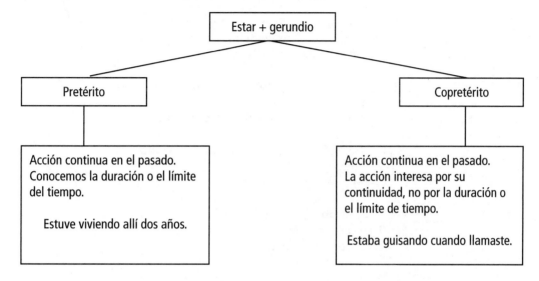

```
                    ┌─────────────────┐
                    │ Estar + gerundio │
                    └─────────────────┘
            ┌───────────────┐   ┌───────────────┐
            │   Pretérito   │   │  Copretérito  │
            └───────────────┘   └───────────────┘
```

Pretérito	Copretérito
Acción continua en el pasado. Conocemos la duración o el límite del tiempo. Estuve viviendo allí dos años.	Acción continua en el pasado. La acción interesa por su continuidad, no por la duración o el límite de tiempo. Estaba guisando cuando llamaste.

I. Sustituye.

Ejemplo: Luis estuvo estudiando hasta medianoche.
        (nosotros)
        Estuvimos estudiando hasta medianoche.

A.

1. Elena estuvo trabajando hasta la madrugada.
   (los ingenieros) (yo) (Raúl y yo)
   (el plomero) (nosotros) (ellos)

2. Estuve lavando ropa toda la mañana.
   (la señora) (las muchachas) (Marcela)
   (Luisa y yo) (usted) (tú)

3. Estuvieron bailando y cantando hasta medianoche.
   (tus sobrinos) (ella) (los muchachos)
   (la gente) (yo) (nosotros)

4. Luis estuvo vendiendo seguros unos meses.
   (mis hijos) (su esposo) (los alumnos)
   (el arquitecto) (tú) (nosotros)

5. Estuvimos viajando por Sudamérica tres meses.
   (los turistas) (Marcela) (mis padres)
   (mi hermano y yo) (tú) (ellos)

B.

1. Estaba guisando cuando entraste.
   (las muchachas) (mi mamá) (nosotros)
   (tus sobrinas) (yo) (Margarita)

2. Ellos estaban desayunando cuando lo supieron.
   (el doctor) (Juan y yo) (Marcela)
   (los muchachos) (mi padre) (mis padres)

3. Estábamos cenando cuando oímos el ruido.
   (mi suegra) (yo) (los contadores)
   (Sara) (Elena y Teresa) (Luis y yo)

4. Elena estaba guisando cuando llegó Carlos.
   (las señoras) (yo) (Rosa y tú) (tú)
   (nosotros) (mi suegra)

5. Estaban trabajando cuando regresó el doctor.
   (los ingenieros) (la enfermera) (nosotros)
   (el plomero y yo) (ustedes) (el albañil)

II. Cambia como en el ejemplo.

Ejemplo: Luisa **estuvo viviendo** allí **dos años**.
         Luisa **estaba viviendo** allí **cuando regresé**.

1. Estuvieron guisando toda la tarde.
2. Estuve trabajando hasta medianoche.
3. Estuvimos bailando toda la tarde.
4. Juan estuvo viajando tres meses.
5. Estuvimos lavando ropa toda la mañana.
6. El teléfono estuvo sonando un rato.
7. Elsa estuvo nadando hasta mediodía.
8. Estuvieron pintando toda la tarde.
9. Estuve lavando los vidrios ayer.
10. Marcela estuvo estudiando varias horas.

III. Cambia como en el ejemplo.

Ejemplo: **Estaba guisando** cuando **llegaste**.
Estuve guisando toda la mañana.

1. Estábamos lavando la ropa cuando llamaste.
2. Luisa estaba estudiando cuando llegué.
3. Estaban arreglando la casa cuando hablé.
4. El teléfono estaba sonando cuando entró Marcela.
5. Luis estaba buscando empleo cuando lo conocí.
6. Estábamos viajando por Europa cuando empezó la guerra.
7. Estaba trabajando en la agencia cuando conocí a Lupe.
8. Estaban jugando baraja cuando oyeron la noticia.
9. Estaba tomando el sol cuando empezó a llover.
10. Estábamos admirando las pinturas cuando lo vimos.

IV. Di algo sobre la ilustración.
Usa *estar + gerundio, en pretérito o copretérito.*

Pensé que ella **decía** algo.
Pensé que ella **estaba diciendo** algo.

La señora **guisaba** cuando llegué.
La señora **estaba guisando** cuando llegué.

Marcela **admiraba** las pinturas.
Marcela **estaba admirando** las pinturas.

2.2. ESTAR + GERUNDIO

La forma estar + gerundio en el copretérito puede reemplazar al copretérito. Esto se hace para dar énfasis a la temporalidad de la acción.

Cenaba cuando llegaste.

Estaba cenando cuando llegaste.

La segunda forma pone más énfasis en la continuidad de la acción.

V. Cambia como en el ejemplo.

Ejemplo: Toda la gente **cantaba**.
　　　　 Toda la gente **estaba cantando**.

1. Marcela lavaba cuando llegué.
2. Creí que tomabas el sol.
3. Llovía mucho cuando salimos.
4. Cuando entró Luis, Margarita dormía.
5. Todos bailaban y cantaban.
6. Pensamos que cenabas ahorita.
7. Viajaban cuando supieron la noticia.
8. La empleada no decía la verdad.
9. Cuando entramos, escribían en máquina.
10. Supe que extrañabas a tu familia.

—¿Vives aquí hace mucho?
—No, hace dos meses solamente.

—¿Cuándo* fuiste a Europa?
—Hace cuatro años.

—¿Cuándo trabajaste en la agencia?
—Trabajé allí hace un año.

—¿Estás aquí hace dos semanas?
—No, hace tres.

---

*¿Cuándo? se refiere al tiempo en general: año, mes, día, hora.

2.3. HACE (presente - pretérito)

La forma impersonal hace + una expresión de tiempo expresa:

En el presente:

El tiempo transcurrido entre el inicio de la acción y el momento en que hablamos:

Vivo aquí desde hace dos años.

En el pretérito:

Señala un momento en el pasado:

Fui a Perú hace dos años.

Se coloca después del verbo:

Vine hace dos años.

VI. Sustituye.

Ejemplo: Vivo aquí hace tres meses.
          (Marcela)
          Marcela vive aquí hace tres meses.

1. Estudiamos alemán hace un año.
   (sus sobrinos) (mi suegra) (tú)
   (Sara y Jorge) (ella y yo) (ustedes)

2. Trabajan en la agencia hace varios meses.
   (yo) (mi hermana y yo) (Raúl)
   (ustedes) (mis hijos) (tú)

3. Estoy aquí hace una hora.
   (los ingenieros) (el doctor) (tú)
   (Carlos) (la enfermera y yo) (usted)

VII. Sustituye.

Ejemplo: Estuve en Guatemala hace tres meses.
        (los muchachos)
        Los muchachos estuvieron en Guatemala hace tres meses.

1. Fuimos al cine hace tres días.
   (sus suegros) (la enfermera) (Jorge y Luis)
   (Luis y yo) (Marcela) (ustedes)

2. Viajé por Europa hace un año.
   (tú) (Rosa y tú) (ella y yo)
   (mis padres) (Teresa) (sus hijos)

3. Vendimos el coche hace dos semanas.
   (mis padres) (el doctor) (yo)
   (mi esposo y yo) (tú) (ellos)

VIII. Forma oraciones.

Son las seis. Llegamos a las cuatro.
Llegamos hace dos horas.

> **Recuerda:**
>
> **hace** después del verbo

1. Fuimos en mayo. Estamos en septiembre.
2. Trabajé en la universidad en el 2010. Ahora trabajo aquí.
3. Hoy es lunes. Fui al cine el sábado.
4. Son las once. Cené a las ocho y media.
5. El sábado guisé para toda la semana. Hoy es jueves.
6. Estamos en el 2013. Fui a Guatemala en el 2001.
7. Son las nueve. Llegué a las siete y media.
8. Hoy es martes. Visité a Marcela el jueves pasado.
9. Estamos en el 2013. Empecé a estudiar en el 2008.
10. Son las doce. Me levanté a las siete.
11. Estamos en el 2013. Viví allá en el 2000.
12. Regresé a las cuatro. Son las nueve.

CONVERSACIÓN

IX. Contesta.

1. ¿Estudias español hace mucho?
2. ¿Cuándo fuiste a Canadá?
3. ¿Viven aquí hace muchos años?
4. ¿Cuándo llegaron?
5. ¿Trabajan en esta fábrica hace mucho?
6. ¿Llamaron hace mucho?
7. ¿Tocas el piano hace mucho tiempo?
8. ¿Cuándo vino el albañil?
9. ¿Estás enfermo hace muchos días?
10. ¿Cuándo recibiste esas cartas?
11. ¿Desayunaste hace dos horas?
12. ¿Vendieron ustedes su coche hace poco?

LECCIÓN 3

—¿Hace mucho que llegaron?
—No, acabamos de llegar.
—¿Qué hacen?
—Estamos viendo unas fotografías.
   Son realmente impresionantes.
—Vamos a tratar de ordenarlas. Todas
   son sobre los grandes contrastes que
   ofrece la Ciudad de México.

Un puesto de flores, tan
sencillo y alegre, junto
a una sofisticada "boutique".

Unos indígenas con sus trajes
típicos cruzan una fabulosa
avenida, llena de edificios y
coches muy modernos.

Las zonas típicas y coloniales
de la ciudad, y las colonias
residenciales y modernas.

¿Cuándo **aprendieron a manejar**?
El año pasado.

¿Acaban de llegar las muchachas?
Sí, llegaron hace cinco minutos.

¿Qué haces?
Estoy **tratando de ordenar** las fotografías.

¿Volvieron a llamar a Roberto?
Sí, pero no estaba.

¿Terminaron de leer el libro?
No, todavía no terminamos.

¿Quién te **enseñó a tocar** la flauta?
Un amigo.

¿Tenemos que ir a la conferencia?
Sí, **hay que ir**.

¿Cuándo **dejaste de ir** a las clases?
Hace tres semanas.

3.1. VERBO + PREPOSICIÓN

Hay algunas combinaciones de verbo + preposición (o verbo + que) que funcionan como unidades antes de un infinitivo.

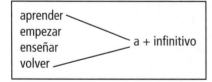

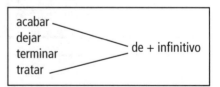

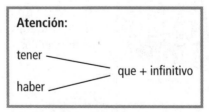

Observa:

Juan volvió a llamar. (Juan llamó otra vez.)	Acaban de llegar. (Llegaron hace un momento.)

volver a = acción repetida	acabar de = acción reciente

Dejamos de leer a las once. (Leímos hasta las once.)	Traté de leerlo. (Intenté leerlo.)

dejar de = desistir,
          abandonar,
          terminar
	tratar de = intentar

I. Sustituye.

Ejemplo: Estamos aprendiendo a guisar.
        (coser)
        Estamos aprendiendo a coser.

1. Le estoy enseñando a manejar.
   (cantar) (bailar) (lavar la ropa)
   (tomar fotografías) (nadar) (jugar baraja)

2. ¿A qué hora terminaron de comer?
   (estudiar) (cenar) (trabajar)
   (desayunar) (guisar) (jugar)

3. Están tratando de entrar.
   (aprender) (pasar) (volver)
   (llamar) (hablar) (contestar)

4. Los muchachos acaban de llamar.
   (entrar) (venir) (salir)
   (llegar) (subir) (recordar)

5. Aprendí a nadar hace poco.
   (manejar) (coser) (hablar francés)
   (guisar) (tocar guitarra) (bailar)

6. Empezaremos a trabajar el lunes.
   (estudiar) (asistir) (invitar)
   (jugar) (practicar) (tocar)

7. Dejé de estudiar hace un rato.
   (trabajar) (leer) (llamar)
   (tocar) (buscar) (fumar)

II. Cambia.

A.

Ejemplo: María vino otra vez.
          María volvió a venir.

1. El niño cenó otra vez.
2. Teresa fue otra vez.
3. María guisó otra vez.
4. Ordené las fotografías otra vez.

5. Lo intentamos otra vez.
6. Roberto llamó otra vez.
7. Manejó tu coche otra vez.
8. Ellos desayunaron otra vez.

B.

Ejemplo: Luis llamó hace un momentito.
          Luis acaba de llamar.

1. Desayuné hace un momentito.
2. Vinimos hace un momentito.
3. Llegaron hace poco.
4. ¿Cenaste hace un momento?
5. ¿Viajaron ustedes hace poco?
6. Elena fue al súper hace un rato.
7. Lavé la ropa hace un momento.
8. Vendieron la casa hace poco.

C.

Ejemplo: Estudiamos hasta medianoche.
          Dejamos de estudiar a medianoche.

1. Luis fumó hasta julio.
2. Trabajé hasta las once.
3. Cantamos hasta la madrugada.
4. Elsa estudió hasta marzo.
5. Llovió hasta las nueve.
6. El bebé jugó hasta mediodía.
7. Ellos vendieron seguros hasta diciembre.
8. Nevó hasta abril.

D.

Ejemplo: Intentamos hacerlo varias veces.
          Tratamos de hacerlo varias veces.

1. Intentaron nadar ayer.
2. No intenté entrar allí.
3. Ella intentó conseguir el artículo.
4. Ella intentó llegar a tiempo.
5. ¿Intentaste manejar ese coche?
6. El niño intentó lavar las paredes.
7. Intentamos bailar tango.
8. Intentó comprar un coche último modelo.

III. Contesta.

1. ¿Cuándo aprendiste a nadar?
2. ¿Quién te enseñó a manejar?
3. ¿Volvió a venir el doctor?
4. ¿Acabas de llegar?
5. ¿A qué hora terminaste de desayunar?
6. ¿Trataron de conseguir los boletos?
7. ¿A qué hora empezó a guisar Marcela?
8. ¿Por qué dejaste de trabajar en la fábrica?
9. ¿Quién tiene que traer las fotografías?
10. ¿Hay que comprar otros libros?

—¿**Sigues trabajando** allí?
—Sí, todavía sigo allí.

—¿**Siguen estudiando** alemán?
—No, ya no. Ya terminamos el curso.

—¿**Sigue usted viviendo** en esa casa?
—Sí, allí vivo todavía.

—¿**Siguen enseñando** en la universidad?
—No, ahora están escribiendo.

3.2. SEGUIR + GERUNDIO

> Expresa una acción que empezó
> en el pasado y continúa hasta el
> momento presente:
>
> Sigo viviendo aquí.

IV. Sustituye.

Ejemplo: Seguimos cenando allí los lunes.
       (ella)
       Sigue cenando allí los lunes.

1. ¿Sigues extrañando a tus amigos?
   (Sara) (ustedes) (tu hija)
   (ellos) (usted) (la señora)

2. Marcela sigue aprendiendo arte moderno.
   (nosotros) (Raúl) (ustedes)
   (tú) (Carlos y yo) (mis primos)

3. Siguen nadando una hora todos los días.
   (tu hija) (ellas) (Elsa y yo)
   (Elena y tú) (su sobrina) (nosotros)

¿Sigues estudiando español?
¿Todavía estudias español?

seguir + gerundio = todavía

Atención:
Todavía es un adverbio que se refiere al tiempo transcurrido entre un momento pasado y el momento en que hablamos.

V. Cambia.

Ejemplo: Ellos **siguen vendiendo** seguros.
       Todavía venden seguros.

1. Sigo extrañando mucho a mis amigos.
2. Seguimos guisando en las noches.
3. ¿Sigues estudiando hasta la madrugada?
4. Los indígenas siguen llevando trajes típicos.
5. Ella sigue vendiendo sus cuadros.
6. Mis suegros siguen viviendo en Puebla.
7. El doctor sigue buscando una enfermera.
8. Seguimos nadando todos los días.
9. Elsa sigue trabajando en la agencia de publicidad.
10. Ruth sigue pensando en el regreso.

VI. Contesta en forma negativa. Usa *ya*.

Ejemplo: ¿Sigues viviendo en esa casa?
No, ya no (vivo allí).

1. ¿Sigues extrañando la comida de tu país?
2. ¿Sigue usted buscando casa?
3. ¿Siguen tus hijos yendo a esa escuela?
4. ¿Sigue el doctor viajando mucho?
5. ¿Sigues manejando dos horas diarias?
6. ¿Sigue Luis estudiando japonés?
7. ¿Siguen yendo a las conferencias?
8. ¿Sigue tu hija haciendo gimnasia?
9. ¿Siguen ellos escribiendo en máquina?
10. ¿Sigues fumando mucho?

VII. Contesta en forma afirmativa. Usa *todavía*.

Ejemplo: ¿Sigues jugando boliche?
Sí, todavía juego.

1. ¿Sigue haciendo mucho calor?
2. ¿Siguen poniendo el puesto de flores allí?
3. ¿Sigues comprando tu ropa en esa boutique?
4. ¿Sigue haciendo frío aquí?
5. ¿Siguen ustedes tomando esos cursos?
6. ¿Sigue nevando mucho en tu país?
7. ¿Sigues buscando un empleo?
8. ¿Sigue Roberto vendiendo seguros?
9. ¿Siguen ustedes pensando en el regreso?
10. ¿Sigue lloviendo mucho?

Esta foto es **mejor que** aquélla.

Mi coche está **peor que** ése.

Su hija es **mayor que** Lupe.

Mi mamá es **menor que** mi tía.

3.3. EL ADJETIVO (grado comparativo)

Los adjetivos **bueno, malo, grande, chico** son irregulares en el comparativo de superioridad.	bueno — mejor malo — peor grande — mayor chico — menor

Decimos: Mi hermano es mayor que yo.

No decimos: ~~más~~ mayor   ~~más~~ mejor

~~más~~ menor   ~~más~~ peor

Atención:

El superlativo de los adverbios bien y mal se forma:

bien — mejor
mal — peor

VIII. Forma oraciones.

A.
Ejemplo: Teresa escribe bien. Carlos no escribe bien.
        Teresa escribe **mejor** que Carlos.

1. Mi hermano maneja bien. Yo no manejo muy bien.
2. Ayer hizo buen tiempo. Hoy hace mal tiempo.
3. Ana juega voleibol bien. Rosa no juega bien.
4. Leo muy mal en voz alta. Carlos lee muy bien.
5. Mi sobrina nada mal. Mi hija nada muy bien.
6. Alfonso pinta muy bien. Su esposa no.
7. Ese radio suena bien. Éste suena mal.
8. La secretaria trabaja bien. La empleada no.

B.

Ejemplo: Luisa nada mal. Yo nado muy mal.
          Yo nado **peor** que Luisa.

1. Estoy de muy mal humor. Carlos está de mal humor.
2. María guisa muy mal. Rosa guisa mal.
3. Jorge maneja mal. El chofer maneja muy mal.
4. Mi hijo lee muy mal. Tu hijo lee mal.
5. Ella canta mal. Él canta muy mal.
6. El carpintero trabaja muy mal. El plomero trabaja mal.
7. El señor oye mal. La señora oye muy mal.
8. El niño come muy mal. La niña come mal.

C.

Ejemplo: Elena tiene veinte años. Ruth tiene dieciocho.
          Elena es **mayor** que Ruth.

1. Javier tiene 32 años. Felipe tiene 18.
2. Verónica tiene 12 años. María Elena tiene 14.
3. Antonio tiene 70 años. Su esposa tiene 62.
4. Ana tiene 18 años. Alejandro tiene 20.
5. Miguel tiene 21 años. Tere tiene 19.
6. Pilar tiene 29 años. Su esposo tiene 28.
7. Juanito tiene 4 años. Su hermano tiene 2.
8. Lupita tiene 5 años. Elsa tiene 9.

D.

Ejemplo: Pepe tiene cuatro años y Luis tiene seis.
          Pepe es **menor** que Luis.

1. Sergio tiene 31 años. Ana tiene 20.
2. Marcela tiene 14 años. Roberto tiene 17.
3. Pedro tiene 19 años. Su hermana tiene 21.
4. Tere tiene 21 años. Jorge tiene 15.
5. Manuel tiene 62 años. Felipe tiene 66.
6. Ana tiene 23 años. Roberto tiene 22.
7. Ernesto tiene 17 años. Bárbara tiene 24.
8. Pilar tiene 16 años. Marcela tiene 13.

CONVERSACIÓN

IX. Lee.

Las muchachas, como todos los visitantes, están impresionadas con la ciudad. Es natural, la Ciudad de México, con aproximadamente veintiún millones de habitantes, es muy interesante. Es frecuente ver indígenas con trajes típicos, puestos de flores y casas coloniales, en contraste con edificios modernísimos, gente elegante y tiendas exclusivas.

Es muy interesante ver en la misma ciudad, iglesias y edificios de las tres culturas de este país: prehispánica, colonial y moderna. Muy cerca de la ciudad están las pirámides de Teotihuacán, una zona arqueológica en donde podemos admirar la gran cultura de los pueblos indígenas. Las pirámides tienen el sentido religioso y artístico de las culturas prehispánicas. Hay dos pirámides principales: la pirámide del Sol y la pirámide de la Luna.

X. Contesta.

1. ¿Por qué están impresionadas las muchachas?
2. ¿Cuántos habitantes tiene la Ciudad de México?
3. ¿Conoces alguna ciudad más grande?
4. ¿Cuántos habitantes tiene la ciudad donde vives?
5. ¿Cuáles son los contrastes de la Ciudad de México?
6. ¿Qué prefieres: los edificios coloniales o los modernos?
7. ¿Por qué?
8. ¿Está lejos de la ciudad la zona arqueológica de Teotihuacán?
9. ¿Qué hay en Teotihuacán?
10. ¿Qué sentido tienen las pirámides?
11. ¿Cuáles son las principales pirámides?
12. ¿Conoces algunas pirámides?
13. ¿Qué piensas de las culturas prehispánicas?

—Llegaste tardísimo, ¿verdad?
—Sí, me desperté* un cuarto de hora tarde y cuando salí, el tráfico estaba imposible.
—¿A qué hora te levantas generalmente?
—A las siete. Me baño, me visto,* me peino y me desayuno en una hora. Salgo a las ocho y llego a las ocho y media.

Generalmente **me acuesto*** temprano.
Me arreglo en quince minutos.
Marcela no **se pinta** el pelo.
Me dormí muy tarde anoche.
Los niños no **se lavaron** los dientes.
El bebé **se moría*** de risa.
¿**Te sientes*** mal?
Nos pusimos el impermeable.

---

*Verbo irregular.

4.1. VERBOS REFLEXIVOS

Se usan para indicar que la misma persona ejecuta y recibe la acción del verbo:

Teresa se baña temprano.

El resultado de la acción **se refleja** en el sujeto.

| Se forman | Anteponiendo al verbo un pronombre reflexivo:

Me rompí una pierna.
¿Te lastimaste el brazo?
Teresa se come las uñas.
Nos lavamos la cara.
Ellas se pintan los ojos.

En el infinitivo se usa el pronombre:

romperse, lastimarse.

Pronombres reflexivos	
me	nos
te	se
se	

I. Sustituye.

Ejemplo: Susana se despierta a las ocho.
      (yo)
      Me despierto a las ocho.

1. Me levanté muy tarde hoy.
(Juan) (nosotros) (usted)
(mis hijos) (Rosa) (tú)

2. A veces nos bañamos en la noche.
(Rosa) (yo) (mi hermana)
(ustedes) (Carlos) (ellos)

3. Elsa se viste en diez minutos.
(yo) (las muchachas) (usted)
(nosotros) (mi papá) (ustedes)

4. Ellas se peinan muy bien.
(Elena) (yo) (ustedes)
(nosotros) (mis amigas) (Marcela)

5. El doctor se desayuna muy temprano.
(mis suegros) (nosotros) (Luis)
(yo) (ustedes) (tú)

6. Me acuesto a mediodía a veces.
(mi mamá) (tú) (nosotros)
(ellos) (usted) (Carmen)

7. Margarita se arregla en quince minutos.
(yo) (mis amigas) (nosotros)
(Carmen) (tú) (ellas)

8. Ella no se pinta las uñas.
(nosotros) (Elena) (tú)
(usted) (yo) (María Luisa)

9. Nunca se duermen temprano.
(Carlos y Luis) (nosotros) (tú)
(Marcela) (yo) (Juan y yo)

10. Se lavan las manos antes de comer.
(Luisa) (nosotros) (Carlos)
(yo) (ustedes) (tú)

11. Elena se moría de risa.
(nosotros) (ustedes) (tú)
(mis papás) (yo) (Margarita)

12. Elsa no se sintió bien ayer.
   (yo) (mi hermana) (Teresa y Luis)
   (nosotros) (ellos) (el niño)

13. Ayer me puse mi impermeable nuevo.
   (Luis) (ellos) (nosotros)
   (tú) (Elena) (mis hijas)

14. Elena se rompió un brazo.
   (los niños) (yo) (nosotros)
   (tú) (Margarita) (ustedes)

15. Luis se lastimó una pierna.
   (nosotros) (yo) (Carmen)
   (ellos) (tú) (mi hija)

II. Cambia al presente.

Ejemplo: **Me lastimé** el brazo anoche.
   Me lastimo el brazo frecuentemente.

1. Pepe se despertó muy temprano ayer.
2. Nos levantamos a las siete la semana pasada.
3. Carlos se puso su traje nuevo.
4. Se peinaron después de desayunar.
5. Elena no se sintió bien ayer en la mañana.
6. El bebé se durmió a las ocho anoche.
7. Me acosté temprano anoche.
8. ¿Te vestiste en diez minutos?
9. Juan se rompió una pierna.
10. Carmen se pintó los ojos en el coche.

III. Cambia al pretérito.

Ejemplo: **Me lavo** las manos antes de comer.
   Me lavé las manos antes de comer.

1. No me siento bien hoy.
2. Mi hijo se rompe un brazo.
3. Pepe se muere de miedo.
4. Elena se arregla en diez minutos.
5. Nos lastimamos la espalda.
6. Los niños se bañan con agua fría.
7. ¿Te duermes muy temprano?
8. Me pongo el abrigo nuevo.
9. Carlos se acuesta tarde siempre.
10. Me visto en cinco minutos.

IV. Di algo sobre la ilustración.

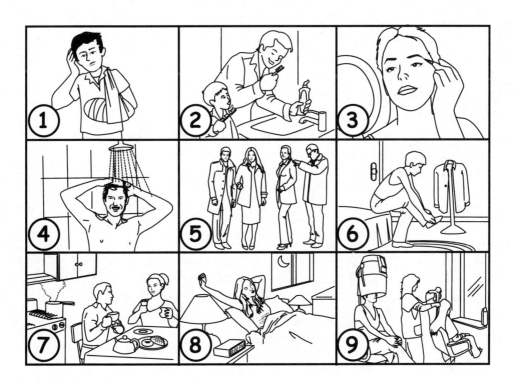

Elena se lastimó **un** dedo.

Ellas no se pintan **la** boca.

Jorge se rompió **un** pie.

Los niños se lavan **los** dientes.

Me lastimé **el** cuello.

¿Te pintaste **las** uñas?

4.2. VERBOS REFLEXIVOS (artículo)

mano
artículo + pierna
brazo

Usamos artículos definidos o
indefinidos con los nombres de las
partes del cuerpo:

    Me lavo las manos.
    Me lastimé un dedo.

No decimos: Me lavo ~~mis~~ manos.

Me lastimé ~~mi~~ dedo.

V. Sustituye.

Ejemplo: Margarita se lastimó el cuello.
       (yo)
       Me lastimé el cuello.

1. Elena se rompió un dedo.
   (ustedes) (yo) (Carlos)
   (nosotros) (las niñas) (usted)

2. Nos limpiamos los pies antes de entrar.
   (ellos) (yo) (la niña)
   (tú) (ustedes) (Carlos)

3. Marcela se lastimó el cuello.
   (yo) (el muchacho) (ustedes)
   (nosotros) (Alicia) (tú)

4. Ellas no se pintan la boca.
   (usted) (Teresa) (yo)
   (mi amiga) (ustedes) (tú)

Lavamos los platos después de comer.*
Nos lavamos las manos antes de cenar.

Me baño muy rápido en las mañanas.
Baño al niño en las noches.

El niño **se rompió** una pierna.
El niño **rompió** un vidrio con la pelota.

Arregla la casa dos veces a la semana.
Susana **se arregla** muy despacio.

¿**Pones** las cosas en su lugar?
¿**Te pones** esa falda muy seguido?

4.3. REFLEXIVOS - NO REFLEXIVOS

Algunos verbos pueden tener
carácter reflexivo o no reflexivo.

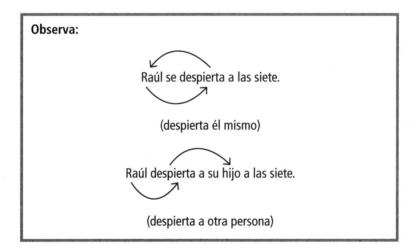

Observa:

Raúl se despierta a las siete.

(despierta él mismo)

Raúl despierta a su hijo a las siete.

(despierta a otra persona)

Pero:

Se murió.
Se sintió mal.

*Recuerda:

preposición + infinitivo
de   comer

VI. Cambia. Haz las modificaciones necesarias.

Ejemplo: **Me levanté** a las siete ayer.
        Levanté a la niña a las siete ayer.

1. ¿Te arreglaste muy rápido?
2. Rosa se lastimó una mano.
3. Nos pusimos un vestido nuevo.
4. ¿A qué hora te dormiste?
5. Se visten muy despacio.
6. Me baño en diez minutos.
7. Nos despertamos a las seis.
8. Ella se pinta las uñas muy bien.
9. Me peino muy rápido.
10. Se lavan los dientes tres veces al día.
11. ¿Te acostaste temprano?
12. Juan se rompió un brazo ayer.

VII. Cambia. Haz las modificaciones necesarias.

Ejemplo: **Dormimos** al bebé a las siete ayer.
        Nos dormimos a las siete ayer.

1. ¿Bañas al perro una vez a la semana?
2. Levantamos a los niños a las siete.
3. ¿Viste usted a su hijo muy rápido?
4. Elena peina muy bien a sus hijas.
5. ¿A qué hora acuestas al bebé?
6. Lavo el coche antes de salir.
7. ¿Arregla usted su cuarto en las mañanas?
8. Pintamos la casa una vez al año.
9. ¿Duermes al niño en los brazos?
10. Despierto a mis hijos a las 6:30 a.m.
11. El niño rompe los zapatos con frecuencia.
12. Lupe y Rosa ponen la ropa en el clóset.

Nos lavamos **las manos**.
Nos **las** lavamos.

Me lastimé **un dedo**.
Me **lo** lastimé.

No se pinta **los ojos**.
No se **los** pinta.

¿Te rompiste **la pierna**?
¿Te **la** rompiste?

4.4. PRONOMBRES (reflexivo + objeto directo)

reflexivo + objeto directo + verbo
Nos las lavamos.

me				
te		lo		
se	+	la	+	verbo
nos		los		
se		las		

VIII. Sustituye el objeto directo.

Ejemplo: Me pinto **las uñas**.
        Me **las** pinto.

1. Me lavo los dientes tres veces al día.
2. Susana se puso su abrigo nuevo.
3. Ellas se pintan los ojos en cinco minutos.
4. Mi sobrina se rompió una pierna.
5. ¿Se lastimaron el cuello?
6. Esa niña se come las uñas.
7. Nadie se limpia bien los pies.
8. ¿Nunca te pones impermeable?

IX. Cambia al negativo. *Usa pronombres de objeto directo.*

Ejemplo: Nos pintamos **el pelo**.
    No nos **lo** pintamos.

1. Susana se puso su falda nueva.
2. Nos limpiamos los pies antes de entrar.
3. El niño se lavó bien la cara.
4. Las muchachas se pintan el pelo seguido.
5. Susana se rompió el brazo ayer.
6. Me lastimé mucho el pie.
7. Sus hijos se comen las uñas.
8. Luis se lava la cara en la mañana.

X. Contesta. Usa *pronombres de objeto directo* y agrega nueva información.

Ejemplo: ¿Te lavas el pelo todos los días?
    No, no me **lo** lavo todos los días, me **lo** lavo
    tres veces a la semana.

1. ¿Se pinta Elena el pelo cada semana?
2. ¿Se pone usted esa falda muy seguido?
3. ¿Se come las uñas tu sobrina?
4. ¿Se lava usted los dientes una vez al día?
5. ¿Nunca te pintas las uñas?
6. ¿Se rompió la pierna tu hijito?
7. ¿Se lavaron las manos los niños?
8. ¿Te lastimaste mucho el dedo?

Elena llegó **muy tarde**.   Nos arreglamos **muy rápido**.
Llegó **tardísimo**.   Nos arreglamos **rapidísimo**.

Luis está **muy contento**.   Es **muy sofisticado**.
Está **contentísimo**.   Es **sofisticadísimo**.

4.5. EL ADJETIVO Y EL ADVERBIO (grado superlativo)

Para expresar el grado superlativo de adjetivos y adverbios:	Se antepone **muy**: Me acosté muy temprano. Compré una blusa muy bonita.

Algunos adverbios y adjetivos agregan la terminación -**ísimo** para expresar un grado más alto de superioridad:

grande + ísimo
grandísimo

rápido + ísimo
rapidísimo

fácil + ísimo
facilísimo

XI. Forma dos oraciones.

Ejemplo: Es agua **pura**.
Es agua **muy pura**.
Es agua **purísima**.

1. El artículo es sencillo.
2. Martha camina rápido.
3. Es un edificio moderno.
4. La tienda está lejos.
5. La avenida es ancha.
6. Me levanté tarde.
7. Es un espectáculo aburrido.
8. El programa es útil.
9. El ingeniero está borracho.
10. Llegaron temprano.
11. La fruta es barata.
12. El café está caliente.

CONVERSACIÓN

XII. Contesta.

1. ¿A qué hora te levantas?
2. ¿Te vistes muy rápido?
3. ¿A qué hora se despierta tu hermana?
4. ¿Se desayunan todos juntos en tu casa?
5. ¿Te bañas en la mañana o en la noche?
6. ¿Se lava Rosa el pelo todos los días?
7. ¿Es conveniente lavarse el pelo todos los días?
8. ¿A qué hora se acuesta usted generalmente?
9. ¿Se pintan el pelo tus amigas?
10. ¿Te rompiste un brazo el año pasado?
11. ¿Se murió alguien de tu familia este año?
12. ¿Te lastimaste el dedo con la puerta?

—Me gusta la madrugada.

—Sí, a mí también. Me encantan la noche, la luna y las estrellas.

—Fue una buena idea venir a ver el eclipse, ¿verdad?

—Claro. Dicen que es una oportunidad casi única en la vida.

—Además, salir de la ciudad, ver el cielo claro, pinos, vacas y grandes zonas verdes es maravilloso.

—Dicen que los mayas sabían mucho de astronomía. Incluso hay una historia sobre un fraile español y un eclipse.

—A mí me interesa también ver a los campesinos y hablar con ellos.

—Perdón por interrumpir la conversación, pero a la fogata le falta leña. ¿Quién la va a buscar?

—Bueno, pues iré yo, aunque no tengo ganas.

—No importa, puedes ir sin ganas.

¿**Te interesa** mucho la astronomía?
Sí, pero **me faltan** conocimientos.

¿**Les gusta** el museo de Antropología?
Sí, **nos encanta** la Piedra de los Sacrificios.

¿**Te simpatiza** el doctor Lara?
Sí, **me encanta** su conversación. Es un hombre muy culto.

¿Qué **le duele*** al niño?
Creo que **le duele** el estómago.

¿Te **molestan** las vacas?
No, **me molestan** las moscas.

¿**Les sirve*** este libro?
Sí, claro. Es sobre culturas indígenas.

¿**Le sobra** leña a la fogata?
No, **le falta.** Hay que traer más.

¿**Te estorban** estas cajas?
No, puedes ponerlas en mi tienda.

¿**Le acomodan** los zapatos tenis?
Sí, especialmente en el campo.

¿**Le queda** bien el abrigo?
Sí, **me queda** muy bien.

---

*Verbo irregular.

5.1. GUSTAR (y otros verbos)

Algunos verbos en español se construyen en tercera persona con un pronombre de objeto indirecto.

Observa:

Me gusta **la** madrugada.

Me gust**an los** pinos.

Se conjugan en todos los tiempos, en tercera persona, singular o plural, de acuerdo con el sujeto.

I. Sustituye.

Ejemplo: Me gusta el sol.
(el sol y la luna)
Me gustan el sol y la luna.

(Faltar)
1. Les falta ropa.
   (tiempo y dinero) (publicidad) (dos tiendas)
   (conocimientos) (una oportunidad) (ganas)

(Sobrar)
2. Le sobró tiempo.
   (mucha comida) (ocho pesos) (leña)
   (estas cajas) (unos zapatos) (cigarros)

(Interesar)
3. Me interesa la conversación.
   (el arte y la historia) (el eclipse) (los campesinos)
   (las culturas indígenas) (la astronomía) (las estrellas)

(Gustar)
4. ¿Les gustaban los pinos y el campo?
   (el calor) (el cielo y la luna) (la astronomía)
   (la Piedra de los Sacrificios) (las estrellas) (las fogatas)

(Encantar)
5. Le encanta la historia del fraile.
   (el sol y el calor) (la playa) (esos trajes)
   (el aire puro) (las risas) (ese empleo)

(Molestar)
6. Nos molestó el aire.
   (las moscas) (el ruido) (los puestos)
   (esa niña) (tus amigos) (la publicidad)

(Servir)
7. ¿Te sirven estos papeles?
   (esta ropa) (las fotografías) (esos trajes)
   (el impermeable) (estas faldas) (esa leña)

(Doler)
8. Me dolía mucho el brazo.
   (los pies) (el estómago) (los dedos)
   (la espalda) (los ojos) (el cuello)

(Estorbar)
9. Les estorba tu coche.
   (esas cajas) (la tienda) (tus zapatos)
   (la leña) (los puestos) (el camión)

(Simpatizar)
10. Me simpatizó el doctor Lara.
    (tus sobrinas) (ese niño) (tu familia)
    (sus padres) (Rosa) (Jorge y Luis)

(Acomodar)
11. Le acomoda mucho esa falda.
    (esos zapatos) (este departamento) (esa ropa)
    (esas tiendas) (este impermeable) (esta blusa)

(Quedar)
12. No me queda bien la falda.
    (las blusas) (los zapatos) (el color verde)
    (los trajes típicos) (el impermeable) (esos vestidos)

A mí me gustan los colores claros.
A ti no te acomodan los zapatos tenis.
A ella le gusta el aire puro.
A Elena le interesan las estrellas.
A él no le estorbaba la caja en su tienda.
A Carlos le molestan las moscas.
A nosotros nos encantó esa película.
A ustedes les falta un poco de dinero.
A ellos no les sobra tiempo.
A Carlos y a Raúl les dolía la garganta.
A Teresa no le queda bien el color azul.

5.2. A MÍ, A TI, A ÉL...

Las formas **a mí**, **a ti**, **a usted**,
a él, a ella, **a nosotros**, **a ustedes**,
a ellos, **a ellas** se usan para dar
énfasis o aclarar la persona.

Nunca sustituyen al pronombre de
objeto indirecto.

Se usan también para contestar:

¿A quién le gusta? A mí.

Y en comparaciones y contrastes:

A Luis no le interesa, a mí sí.

Observa:

A mí me interesa esa película.
A Rosa le duele el estómago.

No decimos:

~~A Rosa duele el estómago.~~

Sino:

Le duele el estómago.
A ella le duele el estómago.

II. Sustituye.

Ejemplo: A ella le gustan las estrellas.
       (a mí)
       A mí me gustan las estrellas.

1. Al niño le duele la garganta.
(a ellos) (a Rosa) (a mí)
(a nosotros) (a usted) (a su hijo)

2. A ellos les interesa mucho esa película.
(a nosotros) (a Luisa) (a ustedes)
(a mí) (al doctor) (a mi esposo)

3. A ella le acomodan los zapatos tenis.
(a mí) (a los niños) (a Luisa)
(a nosotros) (a Juan) (a ti)

4. A Luis le simpatiza mucho Jorge.
(a ustedes) (a ti) (a Carmen)
(a mí) (a ellos) (a nosotros)

Al policía **le interesa capturar** a ese hombre.
A él **le molesta matar** a los animales.
A los indios **les gustaba recordar*** los eclipses.
A ese niño **le encanta amenazar** a sus hermanas.
Todavía **me falta planchar** el vestido.

5.3. INFINITIVO COMO SUJETO

> Cuando el sujeto es un infinitivo, el verbo
> **gustar** (sobrar, interesar, etcétera) se usa
> en singular.

Me interesa oír la conversación.
Nos encanta visitar las zonas indígenas.

---
*Verbo irregular.

III. Cambia al copretérito.

Ejemplo: A Luis **le acomoda** comprar en esa tienda.
      A Luis **le acomodaba** comprar en esa tienda.

1. A mi sobrino le gusta matar animales.
2. A los niños les encanta capturar pájaros.
3. Me falta planchar un poco de ropa.
4. A los perros les gusta matar gatos.
5. Al policía le falta capturar al hombre.
6. A Jorge le molesta llegar tarde.
7. Nos interesa mucho ver el eclipse.
8. Les gusta amenazar a sus vecinos.
9. Al gato le gusta capturar moscas.
10. A los mayas les interesa observar las estrellas.

IV. Cambia al negativo.

Ejemplo: **Nos gustaba** ver los pinos y el campo.
      No nos gustaba ver los pinos y el campo.

1. A mí me interesaba ir a la exposición.
2. Nos acomodaba planchar en la cocina.
3. A mi hijo le gustaba molestar a los vecinos.
4. A ellos les interesaba recordar las direcciones.
5. A Luis le molestaba interrumpir la conversación.
6. Al gato le encantaba matar moscas.
7. Nos faltaba escribir el artículo en máquina.
8. A Jorge le gustaba amenazar a esos muchachos.
9. A Tere le acomodaba guisar en la noche.
10. A los perros les gustaba capturar gatos.

V. Contesta.

Ejemplo: ¿A quién le gustaba salir al campo?
      A mí me gustaba. (A mí no me gustaba.)

1. ¿A quién le interesaba capturar a ese hombre?
2. ¿A quiénes les molestaba planchar de noche?
3. ¿A quién le gustaba matar moscas?
4. ¿A quiénes les dolía la garganta?
5. ¿A quién le quedaron bien los zapatos tenis?
6. ¿A quiénes les gustaba amenazar a los niños?
7. ¿A quién le simpatizó el doctor González?
8. ¿A quiénes les gustaba recordar los eclipses?
9. ¿A quién le sobró dinero?
10. ¿A quiénes les estorbaba mi coche?

Si hay muchas piedras, no podremos correr.
No podremos correr **si** hay muchas piedras.

Si fueron al campo, vieron el eclipse.
Vieron el eclipse **si** fueron al campo.

No puedes ver esa película **si** estás enfermo del corazón.
Si estás enfermo del corazón, no puedes ver esa película.

Desaparecerá* el mal olor **si** abres la ventana.
Si abres la ventana, desaparecerá el mal olor.

5.4. SI (condicional)

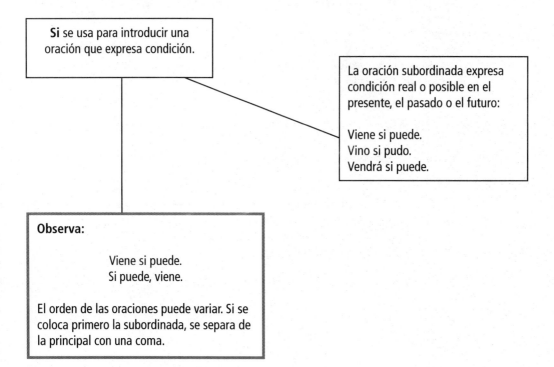

Si se usa para introducir una oración que expresa condición.

La oración subordinada expresa condición real o posible en el presente, el pasado o el futuro:

Viene si puede.
Vino si pudo.
Vendrá si puede.

Observa:

Viene si puede.
Si puede, viene.

El orden de las oraciones puede variar. Si se coloca primero la subordinada, se separa de la principal con una coma.

---

*Verbo irregular.

VI. Cambia al presente.

Ejemplo: Si **llegaron** a tiempo, **vieron** la película.
          Si **llegan** a tiempo, **ven** la película.

1. Si había piedras, no podían jugar.
2. Si estabas enfermo del corazón, no debiste subir.
3. Si les interesaban los campesinos, debieron regresar.
4. Si había mal olor, debiste abrir las ventanas.
5. Si comías eso, te dolía el estómago.
6. Si querían fogata, necesitaban conseguir leña.
7. Si no llovió, el cielo estuvo claro.
8. Si te acostabas tarde, te sentías mal.
9. Si sabía mucho, era un hombre culto.
10. Si era tu único cigarro, no debiste darlo.

VII. Forma una oración.

Ejemplo: Tienes miedo. No puedes ir.
          No puedes **ir** si tienes miedo.

1. Le duele la garganta. No puede tomar agua fría.
2. Te gusta esta vida. Debes vivir en el campo.
3. Les interesan las estrellas. Tienen que estudiar astronomía.
4. No te molestan. No debes amenazarlos.
5. Elsa se siente mal. No puede planchar.
6. Abres las ventanas. Desaparecerá ese olor.
7. No consigues el líquido. No matarás las moscas.
8. No es nada importante. No pueden interrumpir.
9. No consiguen agua. Van a morirse las vacas.
10. Los vecinos están enfermos. No hacemos la fiesta.

—¿Por qué no están tranquilos los policías?
—Porque **va a haber** una manifestación.

—**Va a haber** problemas con la alfombra.
—¿Por qué?
—Porque está goteando agua del techo.

—¿Qué dijeron los campesinos?
—Que precisamente hoy **iba a haber** un eclipse.

—¿Qué te avisó el encargado?
—Que no **iba a haber** agua en la tarde.

5.5. HABER

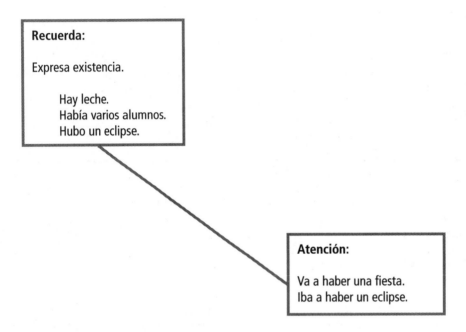

Recuerda:

Expresa existencia.

Hay leche.
Había varios alumnos.
Hubo un eclipse.

Atención:

Va a haber una fiesta.
Iba a haber un eclipse.

VIII. Cambia al copretérito.

Ejemplo: **Va a haber** una reunión importante.
          Iba a haber una reunión importante.

1. Va a haber una buena película en televisión.
2. Va a haber campesinos en la manifestación.
3. No va a haber un eclipse de luna.
4. Va a haber miles de personas.
5. ¿Va a haber fogatas y tiendas?
6. Va a haber una manifestación tranquila.
7. No va a haber niños en la fiesta.
8. ¿Va a haber una reunión hoy?

CONVERSACIÓN

IX. Lee.

—Elena, ¿por qué no nos cuentas la historia del fraile?

—Sí, claro. Es una historia que leí en un libro del escritor guatemalteco Augusto Monterroso.

Fray Bartolomé vivió tres años en América, en donde aprendió lenguas indígenas. En Guatemala los indios lo capturaron mientras dormía.

Cuando despertó vio que iban a sacrificarlo. Entonces tuvo una idea.

Como era un hombre culto, con grandes conocimientos de Aristóteles, recordó que precisamente ese día iba a haber un eclipse de sol.

Si me matan —amenazó a los indios— desapareceré el sol.

Fray Bartolomé esperó tranquilamente.

Dos horas después, mientras su corazón goteaba sobre la piedra de los sacrificios, un indio maya leía una larga lista con las fechas de todos los eclipses.

Los indios las sabían porque también tenían grandes conocimientos de astronomía, aunque no conocían a Aristóteles.*

_____
* Texto adaptado de "El eclipse". En: Monterroso, Augusto, *Obras completas (y otros cuentos)*, Edit. Joaquín Mortiz (Serie del volador), México, 1971.

X. Contesta.

1. ¿Dónde leyó Elena esta historia?
2. ¿Cómo se llamaba el fraile?
3. ¿Cuánto tiempo vivió en América?
4. ¿Qué hacía cuando lo capturaron?
5. ¿Qué vio cuando despertó?
6. ¿Sabía Fray Bartolomé lenguas indígenas?
7. ¿Era un hombre culto o inculto?
8. ¿Qué recordó en ese momento?
9. ¿Qué les dijo a los indios?
10. ¿Qué hizo después?
11. ¿Qué hicieron los indios?
12. ¿Por qué?

UNIDAD II

LECCIÓN 6

—Hay que recoger las cosas rápido si queremos comer cerca de los volcanes.
—Yo quiero quedarme aquí para toda la vida.
—Elena, no es el momento de bromear.
—No estoy bromeando. Éste es un sitio ideal para vivir.
—Bueno, Elena se queda y los demás nos vamos. Mientras David recoge la tienda, tú puedes poner las otras cosas en la cajuela, Juan.
—Ok. Ya estamos listos. ¿Te vas o te quedas, Elena?
—Me voy, ni modo.

—Señora, ¿por qué a veces vemos los volcanes desde la casa y a veces no?
—Supongo que es por la cantidad de smog.
—Los volcanes son bellísimos.
—Hay también una leyenda sobre ellos. ¿La sabes?
—No, y me gustan mucho las leyendas.
—En el coche te la cuento.

¿**Te quedaste** mucho rato en la fiesta?
Sí, **me quedé** hasta las tres de la mañana.

Bertha no **se casó** con Alberto, ¿verdad?
No, **se enamoró** de otro muchacho.

¿Por qué **se queja** el niño?
Porque **se cayó** y se lastimó.

¿Cómo **te ensuciaste** la falda?
Me senté en la tierra.

¿Por qué **se enojó** el bebé?
Porque **se fue** el gato.

¿Con quién **te ríes**?
Con nadie. **Me río** sola.

¿Dónde **te mojaste** los zapatos?
En la calle porque está lloviendo.

¿Qué hicieron en la playa?
Nadamos mucho y **nos asoleamos**.

¿Por qué **se enfermaron** los muchachos?
Porque **se asolearon** mucho.

¿**Te despediste*** de tus abuelitos?
Sí, y también de mis tíos.

6.1. OTROS VERBOS REFLEXIVOS

Además de los verbos reflexivos puros, hay
muchos otros que se construyen como reflexivos:

Ella se quejó con el encargado.

Los verbos **quedarse** y **quejarse** siempre se
conjugan como reflexivos.

---

*Verbo irregular.

I. Sustituye.

Ejemplo: Me quedé allí hasta las cuatro.
         (nosotros)
         Nos quedamos allí hasta las cuatro.

(Enamorarse)   1. Luisa se enamoró de Pepe.
           (Carmen) (yo) (tú) (Elena) (mi prima) (ella)

(Quejarse)   2. El muchacho se quejó con el encargado.
           (nosotros) (tú) (ustedes) (mis abuelitos) (usted) (su tía)

(Casarse)   3. Se casaron en 1974.
           (nosotros) (usted) (yo) (Tere y Luis) (Elsa) (ellos)

(Reírse)   4. Mi abuelita se rió mucho con la película.
           (yo) (mis tíos) (usted) (nosotros) (Carmen) (ellos)

(Caerse)   5. Margarita se cayó de la escalera.
           (mi niño) (yo) (ellos) (usted) (tú) (nosotros)

(Ensuciarse)   6. Mi tía se ensució con la tierra.
           (los niños) (tú) (Margarita) (ellos) (nosotros) (usted)

(Sentarse)   7. Se sentaron en la cajuela del coche.
           (yo) (los niños) (mi tía) (nosotros) (usted) (ellos)

(Mojarse)   8. El niño se mojó los zapatos.
           (ustedes) (Carlos) (nosotros) (los muchachos) (ella)
           (tú)

(Asolearse)   9. Nos asoleamos mucho en Cuernavaca.
           (ustedes) (mis hijas) (mi abuelita) (yo) (Carlos y Elsa)
           (usted)

Fuimos a la playa el verano pasado.
Nos fuimos a las once anoche.

Voy y regreso en dos horas.
Me voy, así podrán hablar tranquilamente.

Va a la escuela todos los días.
Se va de vacaciones el lunes.

6.2. IR - IRSE

Ir

- Cambiar de un lugar a otro:

    Voy a Puebla mañana.

- Desplazarse de aquí para allá:

    Fui a la zapatería.

Irse

- Salir, partir:

    Me voy a las nueve.

- Abandonar o dejar un lugar:

    ¿Se quedan o se van? Nos quedamos un rato.

Atención:

En ocasiones la diferencia entre **ir** e **irse** es muy ambigua. **Irse** es simplemente más enfático.

II. Contesta.

1. ¿Vas al mercado ahorita o más tarde?
2. ¿Cuándo te vas de vacaciones?
3. ¿Fueron a un sitio interesante?
4. ¿Ya se fueron las visitas?
5. ¿A qué hora te fuiste?
6. ¿Fuiste a ver los volcanes?
7. ¿Fue usted a Europa el año pasado?
8. ¿Por qué se fue usted tan temprano?
9. ¿Vas al centro con frecuencia?
10. ¿Te vas de vacaciones pronto?

Los niños no **se quieren bañar**.
Los niños no **quieren bañarse**.

Se van a casar en agosto.
Van a casarse en agosto.

Nos queremos asolear un rato.
Queremos asolearnos un rato.

¿Te vas a quedar hasta mañana?
¿Vas a quedarte hasta mañana?

6.3. PRONOMBRES REFLEXIVOS

Cuando hay dos verbos, los pronombres reflexivos se colocan antes o después de los verbos.
Si se colocan después, forman una sola palabra con el infinitivo o el gerundio.

Te tienes que lavar el pelo.
Tienes que lavar**te** el pelo.

Se está riendo conmigo.
Está riéndo**se** conmigo.

Los niños **se** van a enfermar.
Los niños van a enfermar**se**.

III. Cambia.

Ejemplo: **Se van a quejar** con el encargado.
         Van a quejarse con el encargado.

1. Te debes despedir amablemente.
2. Los muchachos se están asoleando.
3. Te puedes caer de la escalera.
4. ¿Se van a casar pronto?
5. Me estoy ensuciando el vestido.
6. El bebé se está riendo muy contento.
7. Nos pensamos ir a las dos en punto.
8. Se quieren quedar en el hotel.
9. Se necesitan levantar temprano.
10. Pedro se va a enojar mucho.

IV. Cambia.

Ejemplo: **Necesito irme** a las nueve.
　　　　Me necesito ir a las nueve.

1. Vamos a sentarnos en esa banca.
2. Prefiero quedarme aquí.
3. Están riéndose de nosotros.
4. Pueden enfermarse con el frío.
5. Van a mojarse la ropa.
6. Prefieren sentarse en el piso.
7. ¿Sabes pintarte los ojos?
8. Tenemos que acostarnos temprano.
9. Van a quejarse en la oficina.
10. Estamos despidiéndonos de Pedro.

V. Sustituye el objeto directo.

Ejemplo: Quiere lavarse **las manos**.
　　　　Quiere lavárse**las**.

1. Puedes mojarte los zapatos.
2. Van a ensuciarse las manos.
3. Necesitas lavarte la cara.
4. Quiere ponerse su vestido azul.
5. Voy a pintarme el pelo hoy.
6. Deben lavarse los dientes.
7. Pueden romperse una pierna.
8. Estoy arreglándome las uñas.
9. Vas a lastimarte el cuello.
10. Estás mojándote la ropa.

> **Recuerda:**
>
> Quiero pintarme las uñas.
> Quiero pintár**melas**.
> **Me las** quiero pintar.
>
> (reflexivo + objeto directo)

VI. Sustituye el objeto directo.

Ejemplo: Te vas a lastimar **el pie**.
　　　　Te **lo** vas a lastimar.

1. ¿Me puedo poner esta blusa?
2. Te debes limpiar los pies.
3. Se están pintando las uñas.
4. Se va a lastimar el brazo.
5. Te puedes romper una mano.
6. ¿Te quieres mojar los pies?
7. Se van a ensuciar la ropa.
8. Nos tenemos que arreglar el pelo.
9. Se necesitan lavar la cara.
10. ¿Te estás pintando los ojos?

VII. Sustituye el objeto directo.

Ejemplo: No se quiere lavar **el pelo**.
  No se **lo** quiere lavar.

1. No deben mojarse los zapatos.
2. Elsa no se sabe pintar los ojos.
3. No vamos a ponernos vestido largo.
4. No se tienen que lavar la cara.
5. Ellos no van a ensuciarse la ropa.
6. No nos queremos romper un brazo.
7. No estoy lastimándome los dedos.
8. No se quiere limpiar las manos.
9. Pedro no está mojándose la ropa.
10. No se van a arreglar las uñas.

VIII. Contesta. Usa *pronombres de objeto directo.*

Ejemplo: ¿Quieres lavarte las manos?
  Sí, **me las** quiero lavar. (Sí, quiero lavár**melas**.)

1. ¿Sabes pintarte los ojos?
2. ¿Necesitan limpiarse los pies los niños?
3. ¿Pueden lavarse los dientes aquí?
4. ¿Prefieres ponerte tu falda negra?
5. ¿Quieres lastimarte un brazo?
6. ¿Vas a pintarte las uñas?
7. ¿Estás lavándote el pelo ahorita?
8. ¿Van a mojarse los pies?
9. ¿Tienes que ponerte impermeable?
10. ¿Necesita usted pintarse el pelo?

Mis hijos **se pelean** frecuentemente.

Lupe y Verónica **se encuentran** a veces.

Mario y yo **nos conocimos** en tu casa.

Roberto y Alejandro no **se saludan**.

¿Se visitan tus hijas y Ana Luisa?

Sara y yo **nos escribimos**.

Mis suegros **se quieren** mucho.

6.4. VERBOS RECÍPROCOS

En los verbos recíprocos, dos o más sujetos ejecutan la acción y la reciben:

Juan y Rosa se pelearon.

(Juan peleó con Rosa y Rosa peleó con Juan).

Podemos reconocerlos por medio de la palabra **mutuamente**.

IX. Forma una oración.

Ejemplo: El perro no quiere al gato. El gato no quiere al perro.
        El perro y el gato **no se quieren**.

1. Rosa no entiende a Luis. Luis no entiende a Rosa.
2. Sara me escribe. Yo le escribo a Sara.
3. Conozco al doctor. El doctor me conoce.
4. Elsa se despide de Rosa. Rosa se despide de Elsa.
5. Le ayudo a María. María me ayuda a mí.
6. Carlos quiere a Tere. Tere quiere a Carlos.
7. Sara no conoce a Luis. Luis no conoce a Sara.
8. No le hablo a Roberto. Roberto no me habla.
9. Elena pelea con Juan. Juan pelea con Elena.
10. Me despido de Ana. Ana se despide de mí.

X. Contesta.

Ejemplo: ¿Se saludan Roberto y Sara?
        Sí, son muy amigos. (No, no se saludan.)

1. ¿Se conocen Ana Luisa y Jorge?
2. ¿Se escriben Sara y tú?
3. ¿Se encuentran ustedes a veces?
4. ¿Se quieren Rosa y Jorge?
5. ¿Se pelearon Verónica y Ana?
6. ¿Se visitan tu mamá y tu tía?
7. ¿Se escriben ustedes con frecuencia?
8. ¿Se entienden Luis y Carmen?
9. ¿Se enamoraron Rosa y Mario?
10. ¿Se ayudan Roberto y Carlos?

Dicen que ese hombre nació en 1880.

Dicen que el edificio está inclinado.

Dicen que hay que cuidar los parques.

Dicen que el hombre está muerto.

Dicen que encendieron fuego en la montaña.

Dicen que quizá hay petróleo allí.

6.5. DICEN QUE

> La forma **dicen que** se usa cuando el sujeto es
> desconocido, indefinido.
>
> Dicen que hay petróleo.
>
> (No sabemos o no nos interesa quién lo dice.)

XI. Repite la oración. Usa *dicen que*...

Ejemplo: Hay petróleo cerca de aquí.
        Dicen que hay petróleo cerca de aquí.

1. Ese actor nació en Guatemala.
2. Hay fuego en la montaña.
3. Hay mucho smog en las ciudades grandes.
4. Debemos cuidar a los niños.
5. Éste es un sitio ideal para vivir.
6. Hay petróleo en esa zona.
7. Quizá hay vida en otros planetas.
8. Hay bellas leyendas prehispánicas.
9. La iglesia está inclinada.
10. Va a haber muchas lluvias.

CONVERSACIÓN

XII. Lee.

Los volcanes se llaman Iztaccíhuatl y Popocatépetl.

Como son nombres indígenas, difíciles de decir, incluso para los mexicanos, les dicen el Izta y el Popo.

Dice la leyenda que el Izta era una bellísima princesa que se enamoró de un capitán. Cuando el padre de la princesa lo supo, habló con el capitán y le dijo: "Si vas a la guerra, eres valiente y regresas, te casarás con mi hija la princesa". El capitán se fue, peleó muchos años y regresó vencedor. Lo recibieron con grandes fiestas pero faltaba la princesa, que estaba muerta, acostada en la tierra, bajo el sol. Popocatépetl entonces levantó una montaña altísima y allí puso a la princesa muerta. Luego encendió un fuego y se quedó allí para siempre a cuidar a Izta. Ésta es la leyenda de los volcanes, que quizá nació porque efectivamente parecen una mujer acostada y un hombre inclinado a su lado.

XIII. Contesta.

1. ¿Cómo se llaman los volcanes?
2. ¿Cómo les dicen?
3. ¿Quiénes eran el Popo y el Izta?
4. ¿De quién se enamoró el capitán?
5. ¿Qué dijo el padre de la princesa?
6. ¿Fue a la guerra el capitán?
7. ¿Qué pasó cuando regresó?
8. ¿Qué hizo entonces el capitán?
9. ¿Por qué nació esta leyenda?
10. ¿Conoces algún volcán?
11. ¿Te gustan los volcanes?
12. ¿Hay volcanes en tu país?

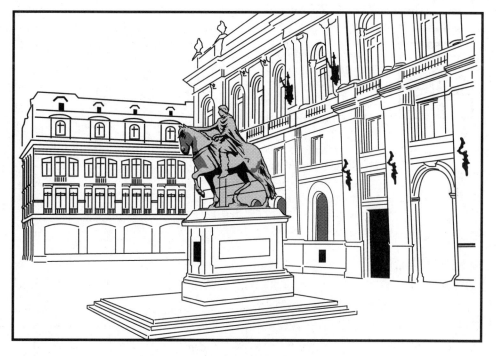

—Mira, ése es uno de mis monumentos favoritos. ¿Cómo se llama?

—"El Caballito".

—¿De veras? ¡Qué raro! Y el hombre que está sobre el caballo, ¿quién es? ¿Por qué no lleva su nombre?

—No estoy segura, es un rey español; creo que Carlos IV.* Pero toda la gente conoce la estatua como "El Caballito". Sé que es una escultura muy valiosa.

—¿Sabes quién la hizo?

—Sí, Tolsá, un escultor de principios del siglo diecinueve. A mí también me gusta, pero además cada vez que la veo me da risa porque me recuerda cuando aprendí a manejar.

—¿Por qué?

—Luego te cuento. Ahora corre al correo que está en esa esquina mientras yo busco a Juan en el banco.

---

*Cuarto.

Estaciona el coche allí, a la izquierda.
Pregunta el precio de la gasolina.
Lee los letreros con cuidado.
Da vuelta en la glorieta.
Sube por el elevador.

Discuta usted con el empleado.
Pague la multa en el banco.
Contrate usted un instructor.
Insista usted en ver al dueño.
Dé usted vuelta a la derecha.

Estudien las reglas de tránsito.
No **insistan** en esa locura.
Vivan ustedes esa aventura.
Admiren este monumento célebre.
Pregunten sobre el crimen.

7.1. EL IMPERATIVO

| Se usa |

- Para dar órdenes o consejos:

  Da vuelta en la esquina.
  Tome usted esta medicina.

- Para pedir favores:

  Abre la puerta, por favor.

| Se forma |

	ar	er - ir
	a (tú)	e
	e (usted)	a
	en (ustedes)	an

El imperativo sólo se usa con la segunda persona, singular y plural:

(tú) Compra la medicina.
(usted) Compre la medicina.
(ustedes) Compren la medicina.

Cuando se usa el pronombre personal (tú, usted, ustedes), se coloca después del verbo. Esto se hace para dar énfasis:

Compra tú la medicina.

O por cortesía:

Compre usted las medicinas.

I. Cambia al imperativo.

A.

Ejemplo: **Compras** la verdura.
        Compra la verdura.

(Tú)

1. Discutes el precio.
2. Rompes la caja.
3. Estacionas el coche.
4. Quieres a tu amiga.
5. Contratas un instructor.
6. Vendes tu camioneta.
7. Insistes en verlo.
8. Interrumpes la conversación.
9. Levantas los papeles.
10. Peleas con ese muchacho.
11. Das vuelta a la derecha.
12. Cantas en portugués.

B.

Ejemplo: **Visita** a su amigo.
        Visite usted a su amigo.

(Usted)

1. Lee esas oraciones.
2. Da vuelta en la esquina.
3. Pelea con su amigo.
4. Discute con el dueño.
5. Aprende el imperativo.
6. Cuida a los niños.
7. Contrata un carpintero.
8. Mata esas moscas.
9. Insiste en esa locura.
10. Observa los planetas.
11. Estaciona el coche aquí.
12. Pasa en limpio la tarea.

C.

Ejemplo: **Contratan** un albañil.
        Contraten ustedes un albañil.

(Ustedes)

1. Estudian las reglas.
2. Abren las cajas.
3. Dan vuelta a la derecha.
4. Preguntan sobre el crimen.
5. Recogen los papeles.
6. Admiran la escultura.
7. Discuten los precios.
8. Cuidan su ropa.
9. Viven una aventura.
10. Contratan un escultor.
11. Venden esos caballos.
12. Estacionan el coche en la esquina.

II. Cambia al imperativo.

Ejemplo: **Tú escribes** en español.   **Escribe** en español.
         Usted escribe en español.   **Escriba** usted en español.
         Ustedes escriben en español.   **Escriban** ustedes en español.

1. Cuidas a tus niños.
2. Ustedes comen mucha fruta.
3. Lees en voz alta.
4. Usted estaciona bien el coche.
5. Manejas con cuidado.
6. Ustedes discuten los precios.
7. Subes por la escalera.
8. Ustedes reciben a las visitas.
9. Usted vende sus caballos.
10 Vives una aventura.
11. Usted insiste en saberlo.
12. Ustedes viajan en avión.
13. Usted asiste a la conferencia.
14. Das vuelta en la glorieta.
15. Usted mata las moscas.
16. Ustedes aprenden español.
17. Usted cose en máquina.
18. Ustedes contratan a un escultor.
19. Usted cree en esa persona.
20. Rompes esos papeles.

III. Cambia al imperativo.

Ejemplo: **La señora arregla** a la niña.
         Señora, arregle a la niña.

         María arregla a la niña.
         María, arregla a la niña.

> **Atención:**
>
> Con los nombres de las personas, generalmente usamos **tú**.
>
> Jorge lava el coche.
> Jorge, lava el coche.
>
> Sólo cambia la entonación.

1. El doctor llega a tiempo.
2. Elena estaciona el coche aquí.
3. El maestro discute el precio.
4. Los muchachos insisten en verlo.
5. La señora contrata un albañil.
6. Rosa da vuelta en la esquina.
7. María y Tere cuidan a los niños.
8. El señor recibe los papeles.
9. Carmen maneja despacio.
10. La señorita sube por el elevador.
11. Los niños aprenden guitarra.
12. Ana Luisa cose la blusa.

Duerme con las ventanas abiertas.
Recuerden el vocabulario básico.
Devuelva este valioso reloj.
Vuelvan a las cuatro en punto.

Consigue unos caballos.
Despidan a esos muchachos.
Sirva usted la cena aquí.
Repitan estas frases.

7.2. DIPTONGACIÓN Y CAMBIO DE VOCAL EN EL IMPERATIVO

> Los verbos irregulares por diptongación y
> cambio de vocal, conservan la irregularidad en
> todas las formas del imperativo.

IV. Completa. Usa *el imperativo.*

1. Lupe, _____ (jugar) con tu hermanito.

2. Policía, _____ (impedir) usted ese crimen.

3. Muchachos, _____ (encender) la luz por favor.

4. Ana Luisa, _____ (despedir) a los señores.

5. _____ (recordar) ustedes las reglas de tránsito.

6. María, _____ (vestir) a los niños ahorita.

7. _____ (repetir) ustedes estas oraciones.

8. Rosa, _____ (despertar) al niño a las siete.

9. Muchachos, _____ (corregir) esos precios.

10. _____ (resolver) usted los ejercicios básicos.

11. _____ (conseguir) usted un libro de principios de siglo.

12. María, _____ (sugerir) un lugar para las vacaciones.

¿Por qué estás preocupada?
Porque **me dio miedo** el accidente.

¿**Te dio coraje** la conversación de Luis?
No, **me dio tristeza**.

¿Por qué no fuiste a la reunión?
Me dio flojera y me acosté.

¿**Les dio mucha risa** el payaso a los niños?
Sí, estaban muy emocionados.

7.3. DAR (algunos usos)

Dar + sustantivo
Me da pena el niño. Me dan pena los niños. En estas construcciones se usa siempre un pronombre de objeto indirecto. Se usan igual que **gustar**, sólo en tercera persona, singular o plural.

Dar	
risa	coraje
dolor	tristeza
pena	frío
miedo	calor
pánico	hambre
asco	

V. Sustituye.

Ejemplo: Le dio risa la película.
　　　　　(los payasos)
　　　　　Le dieron risa los payasos.

1. El aguacate nos da dolor de estómago.
   (las fresas) (esa medicina) (el tequila)
   (los plátanos) (esa fruta) (los exámenes)

2. Me dio hambre el olor de la comida.
   (la fruta) (los duraznos) (la cerveza)
   (esas medicinas) (el calor) (la botana)

3. Le dan miedo los animales.
   (el examen) (los gatos) (el fuego)
   (los perros) (el agua fría) (los aviones)

4. Me dan pánico los accidentes.
   (el dentista) (las guerras) (la ambulancia)
   (los crímenes) (esta conversación) (esos ruidos)

5. Les dio asco ese olor.
   (las medicinas) (esa fruta) (las moscas)
   (esa ensalada) (los vasos sucios) (ese hotel)

6. Nos dio risa la historia del fraile.
   (los payasos) (el bebé) (los gatitos)
   (sus mentiras) (tu idea) (tus locuras)

7. A Elena le dio tristeza la noticia.
   (esos poemas) (la guerra) (las películas)
   (ese pueblo) (las canciones) (tu problema)

8. El tequila les da calor.
   (el vino) (los sarapes) (el poncho)
   (las fogatas) (el café) (las telas sintéticas)

¿Te da risa recordarlo?

Le da coraje esperar mucho.

Nos da pena llegar tarde.

Me da frío verte sin suéter.

VI. Contesta. Usa un *infinitivo como sujeto*.

Ejemplo: ¿Qué te dio miedo?
    Me dio miedo oír ese ruido.

1. ¿Qué le dio hambre?
2. ¿Qué le dio frío?
3. ¿Qué te dio risa?
4. ¿Qué les dio miedo?
5. ¿Qué te dio coraje?
6. ¿Qué le dio pena?
7. ¿Qué les dio hambre?
8. ¿Qué te dio tristeza?

7.4. VOCABULARIO

El policía está cuidando el banco.

La policía está preocupada por los asaltos.

Esta señora **gasta** mucho dinero.

Los muchachos **pasan** las vacaciones en la playa.

La señora **pasa por** los niños a la escuela.

Esta historia **pasó** hace muchos años.

La señora espera seis invitados. Tiene **suficientes** vasos.

Espera diez invitados. Tiene **bastantes** vasos.

Tu coche es **igual** al mío.

¿Es **el mismo** coche de ayer?
Sí, claro. Sólo tengo uno.

Dame las **llaves** del coche.

Cierra la **llave**. Está goteando.

Este hombre es muy **valiente**.

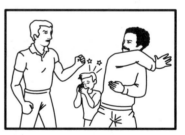

Este hombre no es valiente, es
cobarde.

Los Gómez tienen un perro
muy **bravo**.

Entra sin miedo. El perro es
manso.

CONVERSACIÓN

VIII. Lee.

—Elena, ¿por qué te da risa "El Caballito?" ¿Por qué te recuerda cuando aprendiste a manejar?

—Te voy a contar, David, así conocerás un poco a mi papá. Una mañana a las seis apareció en mi recámara: "Despierta, Elena. Nos vamos en diez minutos. Te voy a comprar un coche".

Yo no lo podía creer. Me levanté y me arreglé en un segundo. Llegamos a la agencia, mi papá vio el coche, discutió el precio y lo compró.

Yo estaba muy emocionada. De pronto, papá me dijo: "Sabes manejar, ¿verdad?".

"Claro", dije yo, pero no sabía. Entonces, él se fue a su trabajo y yo me quedé allí dueña de un coche que no podía manejar.

Un empleado me explicó un poco y me fui. Fue un día lleno de aventuras.

Mi mamá casi se muere. "Esto es un crimen", decía. En la noche, mis papás discutieron mucho. Mi mamá estaba preocupada, insistía en que era una locura.

Mi papá entonces dijo la frase célebre de su vida: "Estoy de acuerdo: fue una locura. Pero ya pasó. En la mañana no sabía manejar, pero ahora ya sabe". Después me dijo: "Ahora voy a darte unas reglas básicas; con la experiencia de hoy y estas reglas no tendrás ningún problema".

—¿Cuáles eran las reglas?

—Sólo me acuerdo de una: "Antes de estacionarte debes estar absolutamente segura de que no hay un letrero de 'No estacionarse'".

—¿Por qué recuerdas esto con "El Caballito"?

—Ah, porque anteriormente la estatua estaba en una glorieta del Paseo de la Reforma y yo, al día siguiente me estacioné allí. Antes le di dos vueltas a la glorieta y vi que no había letrero; pero cuando regresé, el coche no estaba.*

Mi papá tuvo que ir a la oficina de tránsito a recogerlo, pagar multas y esperar varias horas. Al día siguiente contrató a un instructor que me enseñó a manejar.

IX. Contesta.

1. ¿Qué es "El Caballito"?
2. ¿Qué le recuerda a Elena?
3. ¿Qué sucedió una mañana?
4. ¿Qué hizo Elena?
5. ¿Qué le preguntó el papá en la agencia?
6. ¿Sabía manejar Elena?
7. ¿Qué hizo el empleado?
8. ¿Cómo fue el día?
9. ¿Qué dijo la mamá?
10. ¿Qué pasó entonces?
11. ¿Cuál fue la frase célebre del papá?
12. ¿Qué regla le dio a Elena?
13. ¿Qué hizo Elena al día siguiente?
14. ¿A dónde tuvo que ir el papá?
15. ¿Qué hizo el papá al día siguiente?
16. ¿Cómo aprendiste a manejar?

---

*Ahora "El Caballito" se encuentra en la Plaza Manuel Tolsá del Museo Nacional de Arte, frente al Palacio de Minería.

—¡Está rica la carne!

—Te gusta la comida mexicana, ¿verdad?

—Sí, en general, me gusta. Claro que no toda. La comida muy picante, por ejemplo.

—Si te gusta, aprende a guisar.

—Sí, quiero aprender.

—La comida es muy diferente, ¿no?

—Sí, pero no sólo la comida, también los horarios, la cantidad de comida y el tiempo para comer. El desayuno es más o menos igual. La comida y la cena son muy diferentes.

—¿Cuál es la principal diferencia?

—Creo que los horarios. Mira, nosotros comemos un sándwich, una ensalada o algo así, a las doce. Regresamos a la casa como a las cinco y media y, alrededor de las seis, hacemos nuestra comida principal. Aquí comen a las dos y media o tres una comida muy fuerte, toman café con mucha calma, platican y algunos hasta duermen la siesta después de comer. Conozco a muchas personas que regresan a trabajar a la hora en que los americanos salen de trabajar.

Señora, **prepare** la salsa con tomate.
No caliente la comida todavía.

Frían* unos huevos para Teresa.
No corten las cebollas.

Señora, **agregue** un poco de sal.
No use las cacerolas nuevas.

Muevan* la sopa de vez en cuando.
No escriban la receta aquí.

Compre un kilo de carne de res.
No corten la carne en rebanadas delgadas.

Cueza* las papas en lumbre suave.
No agreguen los pimientos medianos.

Abra una lata mediana de aceitunas.
No abra la lata de chiles.

Preparen un poco de puré.
No agreguen la pimienta todavía.

Pique el ajo en pedacitos chicos.
No corte el ajo en pedazos grandes.

Frían los huevos en mantequilla.
No frían el jamón en aceite.

8.1. EL IMPERATIVO (formas negativas)

Coma usted chile.
No coma usted chile.

Platiquen con Lupe.
No platiquen con Lupe.

> **Recuerda:**
>
> Con las personas **usted** y **ustedes** se usa la misma forma para afirmativo y negativo.

---

*Verbo irregular.

I. Cambia al negativo.

Ejemplo: **Agregue** un poco de sal.
      No agregue un poco de sal.

1. Caliente la sopa, por favor.
2. Fría el jamón en mantequilla.
3. Cambien el horario de la clase.
4. Agregue rebanadas de cebolla.
5. Platiquen en voz baja.
6. Cueza la carne en lumbre suave.
7. Corten el tomate en pedazos medianos.
8. Sirva comida muy picante.
9. Frían los huevos con jamón.
10. Prepare puré de papa.

II. Cambia al afirmativo.

Ejemplo: **No piquen** la cebolla en pedazos.
      Piquen la cebolla en pedazos.

1. No mueva la sopa así.
2. No agreguen los pimientos.
3. No pique el ajo aquí.
4. No abran la lata de aceitunas.
5. No cueza la carne sin sal.
6. No agreguen un poco de chile.
7. No prepare una salsa mexicana.
8. No platiquen en la cocina.
9. No lave las cacerolas ahorita.
10. No escriban estas recetas.

Prepara unos huevos con jamón.
No prepares sopa hoy.

Agrega cebolla y tomate rebanados.
No agregues el ajo todavía.

Mueve la salsa un poco.
No muevas mucho el puré.

Cuece la carne en lumbre suave.
No cuezas la verdura.

Fríe un rato la cebolla.
No frías el pimiento en aceite.

Sirve la carne con papas.
No sirvas la ensalada ahorita.

8.2. EL IMPERATIVO (negativo de tú)

Mueve un poco la sopa.
No muevas la sopa, por favor.

> **Atención:**
>
> Con la persona **tú** se usan formas diferentes para el afirmativo y el negativo.

Agrega la pimienta.
No agregues la pimienta.

ar	er - ir
a	e
es	as

III. Cambia al negativo.

Ejemplo: **Calienta** la comida.
　　　　 No calientes la comida.

A. (ar)

1. Platica con Margarita.
2. Usa esta cacerola.
3. Calienta la sopa.
4. Cambia tu horario.
5. Guisa con poco aceite.
6. Pica el ajo en pedacitos.
7. Contrata un empleado.
8. Agrega la pimienta.
9. Estaciona el coche aquí.
10. Pasa por los niños.

B. (er - ir)

1. Escribe la receta.
2. Come carne de res.
3. Duerme una siesta.
4. Discute con calma.
5. Fríe el huevo en aceite.
6. Aprende a guisar.
7. Mueve un poco la sopa.
8. Vende tu bicicleta.
9. Cuece las papas.
10. Interrumpe la conversación.

IV. Cambia al afirmativo.

Ejemplo: **No muevas** la sopa.
       Mueve la sopa.

A. (ar)
1. No gastes mucho dinero.
2. No piques los pimientos.
3. No guises con calma.
4. No cortes las papas en rebanadas.
5. No uses estas cacerolas.
6. No prepares carne de res.
7. No calientes el puré.
8. No guises en lumbre suave.
9. No agregues las aceitunas.
10. No platiques en la cocina.

B. (er - ir)
1. No cuezas la carne.
2. No consigas gasolina.
3. No escribas esa receta.
4. No consigas las cebollas.
5. No insistas en esa locura.
6. No frías el huevo en aceite.
7. No comas puré de manzana.
8. No discutas los precios.
9. No duermas la siesta ahorita.
10. No repitas esa frase.

V. Cambia al imperativo.

Ejemplo: **La señora fríe** la cebolla.
       Señora, fría la cebolla.

1. Margarita corta los pimientos.
2. Los niños juegan en el parque.
3. Usted guisa muy rápido.
4. Rosa calienta la comida.
5. María y Elsa preparan la salsa.
6. Usted cuece los tomates.
7. Las muchachas agregan sal y pimienta.
8. Tere lava las cacerolas.
9. Las muchachas guisan en lumbre suave.
10. Usted sirve comida muy picante.

VI. Cambia al imperativo.
A.

Ejemplo: **La señora no sirve** comida mexicana.
       Señora, no sirva comida mexicana.
       (Usted)

1. El ingeniero no estaciona su coche aquí.
2. El señor no platica con la secretaria.
3. La señorita no calienta la sopa.
4. La señora no guisa comida española.
5. El doctor no pasa por ellos.
6. El señor no contrata a esos albañiles.
7. La señora no fríe el ajo y la cebolla.

8. El ingeniero no insiste en venir.

9. La señorita no cuece los tomates.

10. El doctor no recibe visitas hoy.

B.

Ejemplo: **Los muchachos no platican** aquí.

           Muchachos, no platiquen aquí.

           (Ustedes)

1. Ana y Rosa no mueven la sopa.
2. Los señores no pasan por los niños.
3. Las señoritas no cambian el horario.
4. Los niños no juegan con la lumbre.
5. Las señoras no sirven la comida.
6. Las niñas no llegan tarde.
7. Los señores no duermen la siesta.
8. Los muchachos no gastan mucho dinero.
9. Las señoritas no discuten con el empleado.
10. Los niños no comen la carne.

C.

Ejemplo: **María no mueve** la sopa.

           María, no muevas la sopa.

           (Tú)

1. Elena no fríe las cebollas.
2. Juan no come mantequilla.
3. Martha no usa esas cacerolas.
4. Roberto no platica mucho.
5. Carlos no pasa por el mercado.
6. Elsa no saluda a nadie.
7. Tere no gasta mucho dinero.
8. Rosa no cose la ropa.
9. María no discute con el policía.
10. Ricardo no insiste en esa locura.

VII. Cambia al imperativo.

Ejemplo: **Luisa toca** el piano. **No toca** la guitarra.
Luisa, **toca** el piano; **no toques** la guitarra.

1. Juan maneja despacio. No maneja rápido.
2. María corta la carne. No corta el jamón.
3. Rosa calienta la sopa. No calienta el puré.
4. Luis pasa por los niños. No pasa por mí.
5. Elena fríe los huevos. No fríe las cebollas.
6. Carlos platica con Elena. No platica conmigo.
7. Elena ayuda a Rosa. No ayuda a Juan.
8. David visita el museo. No visita el centro.
9. Jorge escribe la receta. No escribe las canciones.
10. Ana duerme una siesta. No duerme toda la tarde.

Te queda bien **el color azul**.
No te queda **el verde**.

Les gustan **los hombres valientes**.
No les gustan **los cobardes**.

¿Vas a comprar **la mesita antigua**?
No, voy a comprar **la moderna**.

No quiero **el pedazo grande**.
Prefiero **el mediano**.

8.3. EL ADJETIVO (sustantivación)

Recuerda:

Los adjetivos (modificadores del sustantivo) pueden usarse como sustantivos precedidos de un artículo:

Me gusta el color rojo pero el verde no.

(**el verde** es una forma abreviada de decir **el color verde**; la palabra **color** se entiende por el contexto).

Quiero el grande.

Necesitamos el mediano.

Prefieren el chico.

VIII. Cambia como en el ejemplo.

Ejemplo: Me gusta la blusa roja.
　　　　　Me gusta la blusa roja pero la negra no.

1. Le dan miedo los perros bravos.
2. Me encantan los pájaros amarillos.
3. Le lastiman los zapatos nuevos.
4. Nos sirve la caja mediana.
5. Me duele la mano derecha.
6. Les simpatiza la enfermera francesa.
7. Le molestan los animales sucios.
8. Nos estorba el coche grande.
9. Me queda la falda negra.
10. Le interesa la escultura moderna.

IX. Contesta.

Ejemplo: ¿Quieres el plato verde?
　　　　　No, prefiero el azul.

1. ¿Les gustan las casas coloniales?
2. ¿Vas a comprar el vestido largo?
3. ¿Le interesa el arte moderno?
4. ¿Te duele la pierna derecha?
5. ¿Te gustó la película francesa?
6. ¿Quieres la blusa chica?
7. ¿Va a comprar los zapatos baratos?
8. ¿Necesitas la caja grande?
9. ¿Les gusta la muchacha rubia?
10. ¿Te simpatiza el maestro colombiano?

Me gusta el **melón fresco**
pero **el de lata** no.

Necesitamos **el libro de geografía**
pero **el de historia** no.

Compraron **el reloj de oro**,
no quisieron **el de plata**.

¿Quieres **la tela de poliéster**?
No, quiero **la de seda**.

8.4. EL DE... (sustantivación)

Los modificadores del sustantivo que se introducen con **de**, también pueden sustantivarse. Se antepone un artículo definido.

Quiero la falda de lana.
No quiero la de algodón.

X. Cambia. Usa *el de, la de, los de, las de.*

Ejemplo: Me interesa la clase de español.
No me interesa **la de** historia.

1. Nos gustan las telas de seda.
2. Quieren ver el museo de historia.
3. Necesitamos el libro de antropología.
4. Nos gusta la sopa de cebolla.
5. Voy a comprar el poncho de Perú.
6. Ellos toman el jugo de toronja.
7. Quiero comprar el reloj de plata.
8. A Carlos le gustan las chamarras de piel.
9. Me interesan las novelas de aventuras.
10. Nos simpatiza la maestra de biología.

XI. Contesta. Usa *el de, la de, los de, las de.*

Ejemplo: ¿Qué películas te gustan?
Las de aventuras.

1. ¿Qué blusa prefieres?
2. ¿Cuál es tu sopa favorita?
3. ¿Qué libros te interesan?
4. ¿Cuál es la mejor clase?
5. ¿Qué abrigo quieres?
6. ¿Qué música te gusta?
7. ¿Cuál es tu bolsa?
8. ¿Qué platos vas a comprar?
9. ¿Qué chamarra prefieres?
10. ¿Qué telas van a escoger?

¿**Ya** se fue Ana?
No, **todavía no**.

¿**Ya** viste esa película?
Sí, **ya** la vi.

¿**Todavía** no regresa Luis?
No, **todavía no**.

¿**Todavía** no terminas?
Sí, **ya** terminé.

¿**Todavía** estudias francés?
No, **ya no**. Terminé el año pasado.

¿Trabajas en el banco **todavía**?
No, **ya no**. Ahora estoy en una oficina.

¿**Ya** está bien el bebé?
No, **todavía** está llorando.

¿Por qué no tomas una aspirina?
Porque **ya no** me duele.

8.5. YA - TODAVÍA

Ya	NEGATIVO	AFIRMATIVO
Ya no llora. Ya llegué.	• Final de una acción continua.	• Acción realizada y terminada en el pasado.

Todavía	NEGATIVO	AFIRMATIVO
Todavía no llega. Todavía está llorando.	• Acción esperada que no se ha realizado.	• Acción continua que empezó en el pasado y llega hasta el presente.

XII. Cambia como en el ejemplo.

Ejemplo: Llovió toda la tarde.
    Ya no llueve.

1. Me gustaba mucho vivir aquí.
2. Había mucho tráfico en esa avenida.
3. Estuvieron discutiendo mucho tiempo.
4. Les dolió mucho el estómago.
5. Luis molestaba mucho a su hermana.
6. Elena estuvo planchando toda la tarde.
7. Recordaba mucho a Roberto.
8. Hizo mucho calor en el centro.
9. Esa llave goteaba todo el tiempo.
10. Antes nos acostábamos a las ocho.

XIII. Contesta en forma afirmativa.

Ejemplo: ¿**Ya** regresó Carlos?
    Sí, **ya** regresó.

1. ¿Ya terminaron la tarea?
2. ¿Ya viste esa exposición?
3. ¿Ya devolvieron los libros?
4. ¿Ya capturaron al hombre?
5. ¿Ya encendieron la fogata?
6. ¿Ya está claro el cielo?
7. ¿Ya lavaste los zapatos tenis?
8. ¿Ya abrieron la caja?
9. ¿Ya trajo usted la leña?
10. ¿Ya te contó la historia?

XIV. Cambia como en el ejemplo.

Ejemplo: **Vivo** aquí **hace cuatro años**.
    Todavía vivo aquí.

1. Luis trabaja en el banco hace mucho.
2. Se están asoleando hace un rato.
3. Está llorando hace una hora.
4. Enseño español hace quince años.
5. Está nevando hace una semana.
6. Come en ese restaurante hace mucho.
7. Compro en esta tienda hace varios años.
8. La llave gotea hace varios días.
9. Estudiamos alemán hace tres meses.
10. Estoy buscando mis llaves hace una hora.

XV. Contesta en forma negativa.

Ejemplo: ¿Ya vendiste el coche?
No, todavía no lo vendo.

1. ¿Ya consiguieron los discos?
2. ¿Ya arreglaste la grabadora?
3. ¿Ya encontró usted su impermeable?
4. ¿Ya calentaste la comida?
5. ¿Ya se lavaron los dientes?
6. ¿Ya terminaste tu trabajo?
7. ¿Ya regresaron tus suegros?
8. ¿Ya planchaste toda la ropa?
9. ¿Ya picaron las cebollas?
10. ¿Ya freíste la carne?

CONVERSACIÓN

XVI. Lee.

—¿Puedo ayudarla?
—¡Claro que sí! ¿Quieres hacer la carne?
—Por supuesto, además quiero la receta.
—Bueno, escribe los ingredientes.

CARNE A LA MEXICANA*

Ingredientes

1 kilo de carne de res cocida y cortada en rebanadas delgadas
3 cebollas medianas
3 pimientos verdes
1 lata mediana de puré de tomate (500 gramos)
3 chiles de lata
3 cucharadas de vinagre de los chiles
1 cucharada de salsa catsup
1 cucharadita de salsa inglesa
3 dientes de ajo
1 taza de caldo (el agua en que se coció la carne)
Aceitunas al gusto
Sal, laurel, tomillo y mejorana al gusto

Manera de hacerlo

Corta las cebollas en cuatro.   Parte los pimientos en rajas.

Calienta un poco de aceite. Fríe la cebolla. Agrega las rajas de pimiento; fríe todo durante diez minutos. Agrega el puré, los chiles, el vinagre, la catsup, la salsa inglesa, el ajo picado, la sal, el laurel, la mejorana y el tomillo. Ahora, con la lumbre suave, espera a que esto se fría muy bien (20 minutos aproximadamente). Debes moverlo de vez en cuando. Después, agrega el caldo, las aceitunas y la carne. Esto debe estar en lumbre suave unos minutos más.

---

*A la + adjetivo que expresa nacionalidad significa **estilo**: chocolate a la francesa (chocolate estilo francés).

XVII. Da instrucciones para preparar.

Un sándwich.

Una ensalada.

Unos huevos con jamón.

Una hamburguesa.

LECCIÓN 9

—Elena quiere casarse, papá.
—No te preocupes, Juan; está tan loca que no conseguirá con quien casarse.
—Mamá, defiéndeme.*
—Claro que conseguirás con quien casarte: otro loco. Yo tengo una teoría sobre la pareja perfecta.
—No les cuentes tus locuras.
—¿Por qué no? Son teorías muy buenas. Miren, papá y yo conocemos a la pareja ideal. ¿Saben cuál es su secreto? Tienen los mismos defectos. Cuando una persona tiene un defecto, no le molesta si otra lo tiene también.
—Suena un poco raro.
—Sin embargo, es verdad. Emilio y Bertha, la pareja ideal, son muy felices y se entienden perfectamente.

---

* Verbo irregular.

Lávate las manos en la cocina.

Niños, **vístanse** rápido.

Arréglense en su cuarto.

Despídete de tu tía.

Preocúpense por su problema.

Estaciónate en la esquina.

9.1. IMPERATIVO AFIRMATIVO (pronombres reflexivos)

Péinate rápido.
Siéntate aquí.
Acuéstense temprano.

> En todas las personas (tú, usted, ustedes) del imperativo afirmativo, el pronombre reflexivo se coloca después del verbo. El pronombre y el verbo forman una sola palabra.

I. Sustituye.

Ejemplo: Límpiate los zapatos.
　　　　(usted)
　　　　Límpiese los zapatos.

1. Preocúpese por su trabajo.
   (tú) (ustedes) (Elena)
   (usted) (niños) (tú)
2. Estaciónense en la esquina.
   (Bertha) (usted) (tú)
   (Rosa) (muchachos) (señora)
3. Lávate el pelo hoy.
   (señor) (ustedes) (Emilio)
   (niños) (tú) (usted)
4. Despiértense a las seis.
   (tú) (Luisa) (muchachos)
   (María) (ustedes) (usted)
5. Levántate temprano.
   (ustedes) (Carlos) (tú)
   (usted) (niños) (Bertha)
6. Quédate en ese hotel.
   (muchachos) (Carlos) (tú)
   (usted) (ustedes) (Elsa)
7. Siéntese en el piso.
   (Rosa) (ustedes) (tú)
   (usted) (Carlos) (niños)

8. Vístete de largo.
   (ustedes) (Ana) (tú)
   (usted) (muchachas) (Rosa)
9. Báñense en el otro baño.
   (Roberto) (usted) (ustedes)
   (tú) (muchachos) (Carmen)
10. Cásense en secreto.
   (tú) (muchachos) (usted)
   (Bertha) (ustedes) (Emilio)

11. Arréglate con cuidado.
   (usted) (María) (ustedes)
   (tú) (muchachas) (Elena)
12. Quéjese con el dueño.
   (tú) (Roberto) (usted)
   (Luis) (ustedes) (Carmen)

II. Cambia al imperativo.

A.

Ejemplo: **María se lava** las manos.
          María, lávate las manos.

(Tú)
1. Carlos se asolea mucho.
2. Lupe se ríe de sus teorías.
3. Rosa se moja los pies.
4. Martha se despide de esa pareja.
5. Margarita se enoja con los niños.
6. Luisa se peina para la fiesta.
7. Bertha se queja de su hijo.
8. María se acuesta temprano.
9. Ana se preocupa por sus defectos.
10. Emilio se levanta tarde.

B.

Ejemplo: **La doctora se queda** aquí.
          Doctora, quédese aquí.

(Usted)
1. La señora se estaciona bien.
2. El ingeniero se queja con el policía.
3. La señora se ríe de esa teoría.
4. El doctor se enoja con su hijo.
5. La señorita se sienta allí.
6. El señor se baña en las noches.
7. La señora se despide del doctor.
8. El ingeniero se casa en agosto.
9. La señorita se acuesta tarde.
10. El doctor se despierta temprano.

C.
Ejemplo: **Se acuestan** temprano.
   Acuéstense temprano.

(Ustedes)
   1. Se visten muy rápido.
   2. Se quedan aquí.
   3. Se pintan las uñas.
   4. Se mojan los zapatos.
   5. Se asolean mucho.
   6. Se despiertan a las siete.
   7. Se levantan tarde.
   8. Se peinan rápido.
   9. Se despiden del señor.
   10. Se enojan con Luis.

III. Cambia al imperativo.

Ejemplo: **Luisa se arregla** en el baño.
   Luisa, arréglate en el baño.

   1. La señora se arregla en su cuarto.
   2. Carmen se pinta los ojos.
   3. Ustedes se despiertan tarde.
   4. El doctor se preocupa por el niño.
   5. Ana se casa en octubre.
   6. Los muchachos se quedan en el hotel.
   7. El ingeniero se queja con el dueño.
   8. Los niños se ríen de esa teoría.
   9. Luis se enoja con Carlos.
   10. Ustedes se sientan en el piso.
   11. El señor se estaciona allá.
   12. Carmen se levanta temprano.

Quédate en tu cuarto todo el día.
No te quedes aquí, por favor.

Preocúpense por su clase de dibujo.
No se preocupen por ese trabajo.

Quéjese con el dueño del departamento.
No se queje conmigo.

Lávate el pelo con champú.
No te laves con jabón.

9.2. IMPERATIVO NEGATIVO (pronombres reflexivos)

No te laves aquí.
No se vista de negro.
No se acuesten tarde.

> En todas las personas del
> imperativo negativo, el pronombre
> reflexivo se coloca antes del verbo.

IV. Sustituye.

Ejemplo: No te quedes en el departamento.
            (usted)
            No se quede en el departamento.

1. No te laves con ese jabón.
   (ustedes) (Luis) (usted)
   (tú) (Ana) (ustedes)
2. No se queje del departamento.
   (Carlos) (tú) (usted)
   (Rosa) (ustedes) (María)
3. No se siente en el piso.
   (Elena) (ustedes) (Elsa)
   (usted) (tú) (Roberto)
4. No te cases con ese loco.
   (Bertha) (usted) (María)
   (tú) (usted) (Luisa)
5. No se rían de esa pareja.
   (usted) (Bertha) (tú)
   (Carlos) (ustedes) (Jorge)
6. No se asolee mucho.
   (Javier) (tú) (Martha)
   (usted) (Carmen) (ustedes)
7. No se preocupen por esos dibujos.
   (Pilar) (usted) (Bárbara)
   (tú) (Manuel) (ustedes)
8. No se enoje con Teresa.
   (Ricardo) (tú) (Marcela)
   (usted) (Felipe) (ustedes)
9. No te despidas del dueño.
   (Ana) (usted) (María Eugenia)
   (ustedes) (Manuel) (tú)
10. No se estacionen aquí.
    (Sara) (usted) (Mario)
    (ustedes) (Carlos) (tú)
11. No te quedes en el departamento.
    (Miguel) (ustedes) (Ruth)
    (tú) (Ana Luisa) (usted)
12. No se queje de sus defectos.
    (Pedro) (tú) (Jorge)
    (usted) (Lupe) (ustedes)

V. Cambia al imperativo.

A.

Ejemplo: **Bertha no se estaciona** aquí.
Bertha, no te estaciones aquí.

(Tú)
1. Luis no se levanta a las siete.
2. Elena no se lava con este jabón.
3. Rosa no se preocupa por sus dibujos.
4. Rodolfo no se arregla rápido.
5. Tere no se queja del departamento.
6. Ana no se preocupa por eso.
7. Luisa no se sienta en el piso.
8. Raúl no se queda en esa casa.
9. Verónica no se ríe de la gente.
10. Carlos no se asolea mucho.

B.

Ejemplo: **La señora no se levanta** tan tarde.
Señora, no se levante tarde.

(Usted)
1. El doctor no se despierta temprano.
2. El señor no se enoja mucho.
3. La señorita no se asolea.
4. La señora no se estaciona allí.
5. El ingeniero no se preocupa mucho.
6. La doctora no se queda allí.
7. La señora no se lava con ese jabón.
8. El señor no se sienta aquí.
9. La señorita no se baña ahorita.
10. El doctor no se despide de nadie.

C.

Ejemplo: **Los muchachos no se desayunan** rápido.
Muchachos, no se desayunen rápido.

(Ustedes)
1. No se preocupan por sus gatos.
2. Los muchachos no se asolean mucho.
3. No se quedan en el departamento.
4. No se levantan temprano.
5. Los niños no se sientan allí.
6. Los muchachos se despiertan a las dos.
7. No se estacionan en la esquina.
8. Los niños no se despiden de María.
9. No se casan este año.
10. No se visten muy rápido.

VI. Cambia al imperativo.

Ejemplo: Elena no se acuesta tarde.
Elena, no te acuestes tarde.

1. No se quejan con el dueño.
2. La señora no se pinta las uñas.
3. Rosa no se asolea mucho.
4. El doctor no se acuesta tarde.
5. No se lavan con ese jabón.
6. Bertha no se preocupa mucho.
7. No se enojan con el empleado.
8. El ingeniero no se despierta temprano.
9. Elena no se peina varias veces.
10. No se visten en diez minutos.
11. Ricardo no se ríe de la gente.
12. No se bañan en las mañanas.

VII. Cambia al negativo.

Ejemplo: **Siéntate** en esta silla.
        No te sientes en esta silla.

1. Arréglense en su cuarto.
2. Acuéstate temprano.
3. Vístase rápido.
4. Asoléense en el jardín.
5. Despídete de Margarita.

6. Mójate los pies.
7. Lávense las manos.
8. Siéntese aquí.
9. Estaciónate en la esquina.
10. Preocúpense por su clase.

VIII. Cambia al afirmativo.

Ejemplo: **No se despidan** de ese señor.
        Despídanse de ese señor.

1. No te acuestes ahorita.
2. No se quejen con el dueño.
3. No se lave con este jabón.
4. No se asoleen mucho.
5. No te quedes en el departamento.
6. No te pintes las uñas.
7. No se sienten aquí.
8. No te preocupes por los dibujos.
9. No se enoje por eso.
10. No te vistas de largo.

Me gusta ese pijama.
Pues **cómpralo**.

No me gusta ese pijama.
Entonces **no lo compres**.

Luis nos debe la renta.
Pues **cóbrenle**.

Luis no nos debe la renta.
Entonces **no le cobren**.

Los niños no me oyen.
Pues **grítales**.

Los niños me oyen bien.
Entonces **no les grites**.

Quiero té caliente.
Pues **caliéntalo**.

No quiero té caliente.
Entonces **no lo calientes**.

9.3. EL IMPERATIVO (objeto directo y objeto indirecto)

Los pronombres de objeto directo e indirecto con el imperativo, se colocan igual que los reflexivos: **antes** del verbo en el negativo: no lo compres; y **después** del verbo en el afirmativo: cómpralo.

IX. Sustituye el objeto directo.

Ejemplo: Busca **el directorio**, por favor.
         Búscalo, por favor.

1. Traigan una botella, por favor.
2. Use mi biblioteca.
3. Defiende a tu amigo.
4. Contrata unos albañiles.
5. Griten la verdad.
6. Cobra la renta, por favor.
7. Calienten la sopa, por favor.
8. Compre ese pijama.
9. Enseña tus dibujos, por favor.
10. Estacionen su coche aquí.
11. Sirvan el té.
12. Consigue ese departamento.

X. Cambia al negativo.

Ejemplo: Recóge**los**.
         No los recojas.

1. Cóbrala.
2. Consíganla.
3. Pídelo.
4. Véndalas.
5. Despiértalo.
6. Defiéndelas.
7. Grítala.
8. Piénsalo.
9. Ayúdenla.
10. Contrátalo.

XI. Cambia al afirmativo.

Ejemplo: **No la** compres.
         Cómpra**la**.

1. No lo lleven.
2. No los enseñes.
3. No la ayudes.
4. No las despiertes.
5. No lo toque.
6. No los defiendas.
7. No la cobren.
8. No lo pagues.
9. No las lleve.
10. No la busques.

XII. Sustituye el objeto directo.

A.
Ejemplo: Cómprame **ese disco**.
         Cómprame**lo**.

> **Recuerda:**
>
> Objeto directo + objeto indirecto

1. Consígame el directorio.
2. Enséñanos los dibujos.
3. Cuídeme mis gatos.
4. Cuéntanos la historia.
5. Préstame sus libros.
6. Sírvenos sopa.
7. Págueme la renta.
8. Plánchenos la ropa.
9. Prepáranos esa carne.
10. Llévenos los discos.

B.

Ejemplo: Llévales **el impermeable**.
　　　　Llévase**lo**.

Recuerda:			
le			lo
	=	se +	la
les			los
			las

1. Consíguele la dirección.
2. Cóbrenles la renta.
3. Cuídeles el departamento.
4. Pregúntales los teléfonos.
5. Sírveles un té.
6. Agréguele el ajo.
7. Cuídales a los niños.

8. Préstenle un pijama.
9. Páguele la renta.
10. Llévales sus abrigos.

C.

Ejemplo: Tráiganos **unos sándwiches**.
　　　　Tráiganos**los**.

(Me - te - le - nos - les)
1. Cómprenme un boleto.
2. Véndale la grabadora.
3. Págales la renta.
4. Consíganos un jabón.
5. Pídanle el favor.
6. Cuídanos el departamento.

7. Cóbrenles el dinero.
8. Llévale el radio.
9. Cánteme esa canción.
10. Plánchenos la ropa.
11. Pregúntenles la verdad.
12. Devuélvame los discos.

XIII. Cambia al imperativo. Sustituye el objeto directo.

Ejemplo: La señora le compra **un refresco** a Elenita.
　　　　Señora, cómprese**lo**.

1. Rosa nos lava la ropa.
2. El señor les cuida el departamento.
3. Luis le cobra la renta.
4. Margarita me enseña su pijama.
5. La señora nos prepara el desayuno.
6. Ustedes les venden los boletos.
7. Ruth nos canta esas canciones.
8. La señorita le presta el teléfono.
9. Roberto me estaciona el coche.
10. Los muchachos les sirven el té.
11. Lupe nos calienta la comida.
12. El señor me lleva el paquete.

XIV. Contesta. Usa *pronombres de objeto directo* y de *objeto indirecto.*

Ejemplo: ¿**Me** llevo **el coche**?
         Sí, lléva**telo**.

1. ¿Te pago la renta?
2. ¿Les presto la camioneta?
3. ¿Le vendo el boleto?
4. ¿Te preparo la cena?
5. ¿Le canto una canción?

6. ¿Les cuido el departamento?
7. ¿Te compro el jabón?
8. ¿Le plancho la falda?
9. ¿Les llevo los chocolates?
10. ¿Te consigo las tarjetas?

Tomen sus impermeables.
Éstos no son **los nuestros**.

Hay que hacer los pagos a tiempo.
Yo ya hice **el mío**.

Escojan su candidato.
Bertha ya escogió **el suyo**.

Voy a votar por mis amigos.
Ellos votaron por **los suyos**.

9.4. POSESIVOS (sustantivación)

Los posesivos también pueden sustantivarse anteponiendo un artículo definido.

Éste no es **el mío**.
Ésa es **la suya**.

XV. Completa. Usa *el mío, los míos, el tuyo,* etcétera.

Ejemplo: Éste no es su jabón.
         El suyo está en el baño.

1. El señor Robles es nuestro candidato.
2. La señora de verde no es mi tía.
3. Éstas son tus teorías.
4. Ellos tienen sus secretos.
5. Luis no es mi pareja.
6. Aquél es nuestro departamento.
7. Éste no es tu pijama.
8. Ésos no son sus dibujos.
9. Jorge no es mi candidato.
10. Éstos no son sus discos.

XVI. Contesta. Usa *el mío, los míos, el tuyo*, etcétera.

Ejemplo: ¿Es el señor Moreno tu candidato?
        No, **el mío** es el señor Robles.

1. ¿Son tuyos estos boletos?
2. ¿Es éste el impermeable de Roberto?
3. ¿Vas a votar por nuestro candidato?
4. Éstos son los dibujos de Jorge, ¿no?
5. ¿Éste es el pijama de la niña?
6. Éste es su departamento, ¿verdad?
7. ¿Son éstas las plantas de Sara?
8. ¿Es la bicicleta de Ana?
9. Aquellos jabones son tuyos, ¿no?
10. ¿Son de Luis estos zapatos?

Es una pareja muy peculiar.
Lo importante es que son felices.

Es un empleo perfecto para él.
Lo malo es que necesita más sueldo.

Dicen que Rodolfo es muy rico.
Lo raro es que no gasta su dinero.

Vamos a trabajar mucho hoy.
Lo bueno es que no tengo flojera.

Es un hombre culto y responsable.
Lo inconveniente es su carácter.

9.5. LO + ADJETIVO

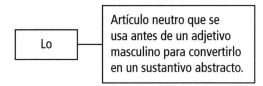

Lo	Artículo neutro que se usa antes de un adjetivo masculino para convertirlo en un sustantivo abstracto.

Esto es lo importante.

(**Lo importante** significa el aspecto importante, la cosa importante.)

XVII. Contesta. Usa *lo + adjetivo.*

Ejemplos: ¿Qué te gusta de la casa?   ¿Es un buen dentista?
          Lo moderno.   Sí, lo malo es que es impuntual.

1. ¿Qué te molesta del perro?
2. ¿Son unas personas peculiares?
3. ¿Qué les gusta de este siglo?
4. ¿Es muy rico Roberto?
5. ¿Qué te gusta de la ciudad?
6. Está rica la comida, ¿verdad?
7. ¿Es una buena maestra?
8. La ciudad es muy bonita, ¿no?
9. ¿Es muy grande la escuela?
10. ¿Qué te gusta de Bertha?

XVIII. Forma dos oraciones.

Ejemplo: Es un hombre culto pero tiene mal carácter.
          Es un hombre culto. **Lo malo** es que tiene mal carácter.

1. Es una ciudad bonita pero hay contaminación.
2. Es un buen doctor pero es muy impuntual.
3. Son interesantes estos libros pero son muy caros.
4. Es una mujer importante pero está un poco loca.
5. Es una clase buena pero hay que estudiar mucho.
6. Son unas casas bonitas pero no son de mi estilo favorito.
7. Es una pareja perfecta pero tiene ciertas peculiaridades.
8. Es un perro muy bonito pero está un poco sucio.
9. Luis es muy rico pero es un poco raro.
10. La comida está rica pero está un poco picante.

CONVERSACIÓN

XIX. Lee.

Bertha y Emilio son una pareja perfecta. Nunca se pelean, sus hijos están muy bien, y son una familia feliz. No son ricos. Emilio trabaja en una fábrica de jabón y Bertha no trabaja. Tienen ciertas peculiaridades que algunas personas no entienden, pero ellos sí las entienden, se sienten bien y eso es lo importante.

En las mañanas Emilio lleva a los niños a la escuela. Sin embargo, a veces Emilio tiene flojera. Entonces se levanta casi dormido y desde la puerta de su recámara grita: "No se levanten, hoy tenemos clase de dibujo". "Clase de dibujo" quiere decir para ellos quedarse en pijama todo el día y no trabajar. Todos se acuestan otra vez y nadie hace nada. Bertha no cocina; comen cualquier cosa; oyen la radio, duermen, leen.

Emilio cobra su sueldo cada quince días. Con ese dinero pagan la renta del departamento, la comida y los gastos de la casa. Sin embargo, a la hora de la comida del día que cobra su sueldo,

Emilio dice:

—Somos una familia muy democrática, ¿verdad?
—Claro que sí.
—Pues vamos a votar: "¿Renta o Acapulco?"
En la familia, esto quiere decir que escogen entre pagar la renta de ese mes o irse a la playa con ese dinero, por tres o cuatro días.

Obviamente todos los niños y Bertha votan por Acapulco, y se van muy contentos a la playa. Necesitan dos o tres meses para pagar la renta a tiempo otra vez; pero un poco después vuelven a votar: "Renta o Acapulco".
—¿Y tú piensas que esta gente tan irresponsable es un modelo de familia?
—Pues sí, en cierta manera, lo pienso.

XX. Contesta.

1. ¿Cómo son Bertha y Emilio?
2. ¿Se pelean con frecuencia?
3. ¿Son ricos?
4. ¿Crees que ser rico es ser feliz?
5. ¿En dónde trabaja Emilio?
6. ¿Y Bertha?
7. ¿Cuántos hijos tienen?
8. ¿Qué hace a veces Emilio?
9. ¿Es una buena idea?
10. ¿Qué pasa cuando cobra su sueldo?
11. ¿Qué piensas de esto?
12. ¿Son felices Emilio y Bertha?
13. ¿Piensas que son irresponsables?
14. ¿Gastas el dinero de la renta en otra cosa?
15. ¿Por qué?
16. ¿Vas a la playa con frecuencia?

—David está muy impresionado con la historia de Bertha y Emilio, mamá.

—No me digas. ¿Por qué, David?

—No exactamente impresionado, señora. El otro día estuvimos platicando y discutiendo, pero es difícil explicar mis pensamientos. Por una parte, estoy de acuerdo con usted: lo importante es que ellos se entienden y son felices. Pero, por otra, considero que son flojos e irresponsables. Pienso en sus hijos, ¿cómo van a ser de grandes? ¿Usted cree que sus papás les dan buen ejemplo?

—Creo que es difícil para ti entender esto. Sin embargo, hay que analizar muchos aspectos del carácter del mexicano para comprenderlo.

—Sí, claro, tiene usted razón. Hay que verlo como otra forma de entender la vida. Sólo estando aquí y viendo la cultura de cerca puedo entender ciertas cosas. Pero de todos modos, las ideas de Emilio y Bertha no son las mías.

—No, tampoco las mías. Pero las entiendo y, en cierta forma, las respeto.

Di algo sobre el carácter del mexicano.
No digas nada sobre su religión.

Vea todos los detalles de la pintura.
No vea sólo el aspecto general.

Vaya usted afuera a ver las danzas.
No vayas adentro, no hay nadie.

Haz un estudio sobre el mexicano.
Interpreta sus rasgos principales.

Oigan estos discos nuevos.
Son una muestra del mestizaje latinoamericano.

10.1. EL IMPERATIVO (verbos irregulares)

Algunos verbos irregulares en el imperativo

Decir	Estar	Hacer	Ir
di	está	haz	ve
no digas	no estés	no hagas	no vayas
diga	esté	haga	vaya
digamos	estemos	hagamos	vayamos
digan	estén	hagan	vayan
Oír	**Poner**	**Saber**	**Salir**
oye	pon	sabe	sal
no oigas	no pongas	no sepas	no salgas
oiga	ponga	sepa	salga
oigamos	pongamos	sepamos	salgamos
oigan	pongan	sepan	salgan
Ser	**Tener**	**Venir**	**Ver**
sé	ten	ven	ve
no seas	no tengas	no vengas	no veas
sea	tenga	venga	vea
seamos	tengamos	vengamos	veamos
sean	tengan	vengan	vean

I. Sustituye.

Ejemplo: María, ven un momentito.
　　　　　(señora)
　　　　　Señora, venga un momentito.

1. Tenga un poco de calma.
(Rosa) (muchacha) (Elsa)
(tú) (usted) (ustedes)
2. Sepa todos mis pensamientos.
(tú) (María) (ustedes)
(señora) (usted) (Bertha)
3. Salgan sin hacer ruido.
(Emilio) (niños) (usted)
(tú) (Ana) (ustedes)
4. Di algo sobre tu carácter.
(doctor) (Bertha) (ustedes)
(Mario) (muchachos) (usted)
5. Sea un poco más responsable.
(tú) (Emilio) (usted)
(señor Moreno) (ustedes) (Elsa)
6. Haz un estudio sobre el mestizaje.
(ustedes) (Elena) (maestro)
(usted) (tú) (Ana Luisa)
7. Vean esos detalles de la escultura.
(Jorge) (tú) (señora)
(ustedes) (Bertha) (usted)
8. Ponga los melones en la cocina.
(Carmen) (ustedes) (tú)
(Juan) (usted) (Lupe)
9. Oigan los pensamientos de ese hombre.
(María) (niños) (tú)
(maestra) (ustedes) (señora)
10. Estén listos a las cuatro en punto.
(Tere) (usted) (tú)
(Mario) (ustedes) (señora)
11. Vaya a su clase de dibujo.
(Bertha) (tú) (ustedes)
(Sara) (usted) (niños)
12. Ven a ver una muestra prehispánica.
(ustedes) (Carlos) (muchachos)
(tú) (usted) (Martha)

II. Cambia al negativo.

Ejemplo: **Pon** todo en su lugar.
        No pongas todo en su lugar.

1. Oiga usted este pensamiento.
2. Haz el trabajo sobre el mestizaje.
3. Salgan de aquí ahora.
4. Ven con tu amigo extranjero.
5. Ponga usted el jabón en el baño.
6. Di tus secretos.
7. Vayan ustedes al departamento.
8. Sé un alumno modelo.
9. Sepan ustedes la verdad.
10. Ve los detalles de la pintura.

III. Cambia al afirmativo.

Ejemplo: **No digas** el secreto.
        Di el secreto.

1. No haga usted esos gastos.
2. No tenga usted miedo del perro.
3. No vayas al departamento.
4. No diga usted muchos detalles.
5. No pongas los jabones aquí.
6. No vea usted esa muestra.
7. No sean irresponsables.
8. No salgas en pijama.
9. No diga usted nada sobre religión.
10. No oigas música extranjera.

IV. Sustituye el objeto directo.

Ejemplo: Ponga **el directorio** allí.
        Pónga**lo** allí.

1. Haga el estudio con cuidado.
2. Analiza esos pensamientos.
3. Dime los detalles.
4. Oigan esa conferencia.
5. Ponga los aspectos importantes.
6. Respeta los letreros.
7. Ve esos rasgos indígenas.
8. Use usted ese suéter.
9. Interpreta su pensamiento.
10. Comprendan su religión.

V. Contesta. Usa *pronombres de objeto directo y objeto indirecto.*

Ejemplo: ¿Le digo la verdad?
        Sí, dígamela, por favor.

1. ¿Le pongo sal a la sopa?
2. ¿Te explico mis teorías?
3. ¿Les cobro la renta a ustedes?
4. ¿Te hago una salsa?
5. ¿Te estaciono el coche?
6. ¿Le platico a usted mis pensamientos?
7. ¿Les explico a ustedes los rasgos indígenas?
8. ¿Le escojo los regalos a usted?
9. ¿Te presto un pijama?
10. ¿Le digo el secreto a ella?

¿**Te cepillas** el pelo en las noches?
Sí, **me** lo **cepillo** en las noches.

¿**Se fijó** usted en los rasgos mestizos?
Sí, son muy evidentes en esa pintura.

¿**Se cansaron** ya de estudiar?
Sí, ya **nos cansamos**.

¿**Te diste cuenta** de las características principales?
Sí, son muy obvias.

¿Por qué **se quitaron** los zapatos?
Porque estaban mojados.

Te equivocaste con los pagos, ¿verdad?
Sí, es un trabajo bastante complejo.

10.2. VOCABULARIO (otros verbos reflexivos)

cansarse	equivocarse
cepillarse	fijarse
darse cuenta	quitarse

VI. Sustituye.

Ejemplo: Quítense los zapatos.
　　　　　(tú)
　　　　　Quítate los zapatos.

1. Fíjate en los rasgos mestizos.
   (usted) (Margarita) (muchachitos)
   (tú) (ustedes) (Ricardo)
2. Cánsense mucho y dormirán bien.
   (Elena) (ustedes) (tú)
   (Marcela) (niños) (usted)
3. Quítate esos zapatos sucios.
   (niños) (Luisa) (usted)
   (ustedes) (Bertha) (tú)
4. No se equivoque con los pagos.
   (Margarita) (ustedes) (tú)
   (señora) (usted) (Carlos)
5. Dense cuenta de esas características.
   (Lupe) (muchachos) (tú)
   (usted) (Roberto) (ustedes)
6. Cepíllate bien los dientes.
   (niños) (María) (ustedes)
   (Rosa) (usted) (tú)

VII. Cambia al negativo.

Ejemplo: **Cepíllate** el pelo.
       No te cepilles el pelo.

1. Despídete del doctor extranjero.
2. Equivócate en ese estudio.
3. Lávense con este jabón.
4. Fíjense en los rasgos mestizos.
5. Mójate los pies.
6. Date cuenta del problema.
7. Quéjense con el dueño.
8. Cepíllense los dientes ahorita.
9. Vete a la clase de dibujo.
10. Cánsense para dormir bien.
11. Preocúpate por tu trabajo.
12. Quítate la ropa mojada.

Las flores **son** baratas aquí.
Esas margaritas **están** muy baratas.

Los quesos franceses **son** muy sabrosos.
Este queso **está** riquísimo.

Las bicicletas inglesas **son** muy buenas.
La bicicleta de Jorge **está** muy buena.

La fruta tropical **es** rica.
Esta papaya **está** increíble.

El melón **es** a $6.50 el kilo.
El melón **está** a $5.50 el kilo.

Las rosas **son** a $8.00 la docena.
Las rosas **están** a $6.00 la docena.

10.3. SER - ESTAR

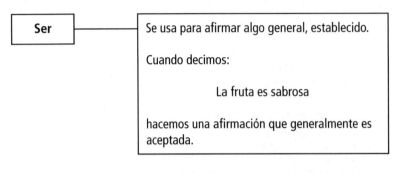

Ser	Se usa para afirmar algo general, establecido.

Cuando decimos:

La fruta es sabrosa

hacemos una afirmación que generalmente es aceptada.

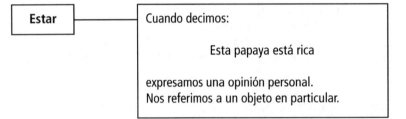

Estar	Cuando decimos:

Esta papaya está rica

expresamos una opinión personal.
Nos referimos a un objeto en particular.

Atención:

Ser y **estar** + a se usan para expresar precio.

ser + a = precio regular.

estar + a = precio fluctuante.

El aguacate es a ocho pesos.
(Siempre, precio habitual.)

El aguacate está a ocho pesos.
(Ahora, precio especial.)

VIII. Cambia como en el ejemplo.

Ejemplo: Las flores son bonitas.
          Las flores son bonitas pero estas rosas están muy feas.

1. Los zapatos viejos son cómodos.
2. La papa es barata.
3. Las telas francesas son muy bonitas.
4. La comida española es sabrosa.
5. Los limones son baratos.
6. El café colombiano es muy bueno.
7. Las papayas son muy sabrosas.
8. Las películas francesas son interesantes.
9. Los pájaros son muy alegres.
10. La cerámica de Puebla es bonita.

IX. Completa como en el ejemplo.

Ejemplo: Los limones son a $12.00 el kilo.
         Ahora están a $10.00. Están muy baratos.
         (Ahora están a $15.00. Están muy caros.)

1. Las cebollas son a $10.00 el kilo.
2. El aguacate es a $6.00 cada uno.
3. Los duraznos son a $20.00 la docena.
4. El tomate es a $9.00 el kilo.
5. Las aceitunas son a $14.00 la lata.
6. El aceite es a $18.00 el litro.
7. Los pimientos son a $11.00 el kilo.
8. La mantequilla es a $25.00 el kilo.
9. Los huevos son a $8.00 la docena.
10. El jamón es a $60.00 el kilo.

¡Qué alto **está** Luis!

Jorge **está** muy desagradable.

Qué gordo **está** tu papá.

Estás muy guapa.

Roberto **está** muy amable.

10.4. SER - ESTAR (características permanentes)

Recuerda:

Usamos el verbo **ser** con cualidades o características permanentes del sujeto.

Luis es alto.
Jorge es desagradable.
Tu papá es gordo.

Estoy muy pobre.
(No tengo dinero ahorita.)

Jorge está muy desagradable.
(No siempre **es** desagradable,
hoy **está** desagradable.)

Tu papá está gordo.
(No siempre **es** gordo;
está gordo últimamente.)

Sin embargo, cuando en opinión de la persona que habla, esta característica ha cambiado recientemente, usamos el verbo **estar**.

X. Cambia como en el ejemplo.

Ejemplo: El bebé es muy gordo.
           ¡Qué gordo está ahora!

1. Tus hijos son muy altos.
2. Sus hermanas son muy agradables.
3. La verdura es muy cara.
4. Esos cigarros son muy fuertes.
5. La comida mexicana es picante.
6. La empleada es muy amable.
7. María Eugenia es rica.
8. El señor Robles es muy borracho.
9. Son unas personas muy ocupadas.
10. Margarita es muy guapa.

XI. Completa.

Ejemplo: Es un niño chico. (alto)
           Es un niño chico pero está muy alto.

1. Es un perro muy limpio. (sucio)
2. Es una persona agradable. (desagradable)
3. Son muy simpáticas. (pesadas)
4. Es una casa vieja. (barata)
5. Los plátanos son baratos. (caros)
6. Es un hombre delgado. (gordo)
7. Estas clases son muy buenas. (aburridas)
8. No es bonita. (guapa)
9. Son un poco gordas. (delgadas)
10. Mi perro es muy manso. (enojado)

No invites a Javier, **es** muy **aburrido**.
Pobre Luis, **está** muy **aburrido**.

Jorge **es** un muchacho muy **vivo**.
Todavía **está vivo** el perrito.

Es un hombre **malo**.
El niño **está malo**, no va a la escuela.

Tere **es** muy **lista**, ¿verdad?
Ya **estamos listos**.

10.5. SER LISTO - ESTAR LISTO

Algunos adjetivos cambian de significado cuando se usan con el verbo **ser** o con el verbo **estar**.

Observa:

Juan es listo. (inteligente)	Juan está listo. (preparado)
El perro es vivo. (inteligente)	El perro está vivo. (con vida, no está muerto)
Luis es aburrido. (es una persona aburrida)	Luis está aburrido. (no está contento)
Es un hombre malo. (no es bueno)	El hombre está malo. (está enfermo)

XII. Completa. Usa *ser* o *estar*.

1. Los vinos de Chile _____ muy famosos; sin embargo, éste no _____ muy bueno.

2. Hay que llamar al doctor porque Juanito _____ malo. _____ triste y cansado. Él generalmente _____ muy alegre.

3. La fruta _____ muy barata hoy. El durazno, que generalmente _____ a $25.00 el kilo, hoy _____ a $18.00.

4. ¡Qué gordo _____ ! Tú que siempre _____ tan delgado. ¿ _____ enfermo?

5. Tu hija _____ siempre tan amable. ¿Por qué _____ tan desagradable hoy?

6. _____ las cuatro. ¿Ya _____ listos? Vamos a llegar tarde.

7. ¡Qué vivo _____ tu perro! Parece una persona. No todos los perros _____ así; algunos _____ menos listos.

8. ¿Cuántos años tiene tu hijita? _____ muy alta, ¿verdad? Creo que no _____ contenta aquí. _____ un poco aburrida porque no hay niños.

9. Los zapatos italianos _____ cómodos y bonitos pero éstos no _____ bonitos.

10. ¿Se murió el gato? No, todavía _____ vivo; pero _____ muy enfermo.

CONVERSACIÓN

XIII. Lee.

El carácter del mexicano es bastante complejo.
Por ejemplo, podemos interpretar las historias de
Emilio y Bertha como una forma diferente de ver
la vida.

Bertha y Emilio no son personas muy
típicas. Sin embargo, los mexicanos pueden
comprenderlos mejor que los extranjeros. El
carácter mexicano es un carácter mestizo:
indígena y español. Del indígena, el mexicano
tiene la amabilidad, la hospitalidad. Lo alegre, sin
embargo, es un rasgo español.

El carácter mestizo es también muy evidente
en el arte y en la religión. Por ejemplo, el arte
de la Colonia. Los estilos y los arquitectos eran
españoles; sin embargo, el trabajo lo hacían los
indios, que agregaban sus conceptos artísticos
personales.

Una bellísima muestra de esto es el barroco
mexicano en la iglesia de Tepotzotlán. Allí vemos
claramente el mestizaje del arte mexicano; los
ángeles barrocos con caras indígenas, los conceptos
del barroco español junto a los detalles y colores
que usaban los indios.

También vemos el mestizaje en la religión.
De España llegó el catolicismo y en México tomó
características especiales. Esto podemos verlo en
las fiestas religiosas, por ejemplo.

Afuera de las iglesias los indígenas bailan
danzas prehispánicas, vestidos con sus trajes
típicos.

El catolicismo en México es una religión
cristiana y pagana, una religión mestiza.

XIV. Contesta.

1. ¿Cómo es el carácter del mexicano?
2. ¿Lo entiendes fácilmente?
3. ¿Entiendes las ideas de Bertha y Emilio?
4. ¿Qué entiendes por carácter mestizo?
5. ¿Cómo vemos el mestizaje en el arte mexicano?
6. ¿De dónde eran los arquitectos?
7. ¿Qué hacían los indígenas?
8. ¿Cómo es la iglesia de Tepotzotlán?
9. ¿Cuáles son los detalles indígenas?
10. ¿Qué entiendes por religión mestiza?
11. ¿Cómo es el catolicismo mexicano?
12. ¿Puedes dar un ejemplo?

—Buenos días.
—Hola papá.
—Somos una familia muy democrática,
¿verdad?
—Sí, claro.
—Entonces, vamos a votar: ¿Renta o
Acapulco?
—¡Acapulco!
—Sí, nos vamos a Acapulco mañana.
—¡Qué maravilla!
—La maravilla es que además vamos
a pagar la renta. Ya saben que yo
desapruebo el sistema de vida de
Emilio.
—Papá, no seas tan formal. Vas a echar a
perder el juego.
—No estoy echando a perder nada.
David puede pensar que soy como
Emilio.
—¿A usted no le gustan las historias de
Bertha y Emilio?
—Las historias sí, pero su forma de vida
no.
—¡Uy!, papá, eres un aguafiestas.

El papá de Elena es muy formal.
Papá, no seas **tan** formal.

Pepe brinca altísimo con el caballo.
Pepe, no brinques **tan** alto.

Están en una edad maravillosa.
Es una edad **tan** maravillosa.

Hay una vista del mar muy bonita.
Hay una vista **tan** bonita.

11.1. TAN

Expresa cantidad. Se usa antes
de adverbios o adjetivos, excepto
mayor, menor, mejor, peor.

No camines **tan** rápido.
Están en una edad **tan** maravillosa.

I. Cambia al negativo. Usa *tan*.

Ejemplo: Juan come **muy** aprisa.
Juan, no comas **tan** aprisa.

1. Los niños brincan muy alto.
2. Elsa es muy formal.
3. Están muy aburridos.
4. Lucía hace el trabajo muy mal.
5. Carmen es muy responsable.
6. Los niños gritan muy fuerte.
7. Alicia viene muy despacio.
8. Ustedes se cansan muy pronto.
9. Los muchachos son muy cobardes.
10. Rosa se equivoca muy seguido.

II. Forma una oración.

Ejemplo: No nada bien porque **practica muy poco**.
        Practica tan poco que no nada bien.

1. No me siento bien porque como muy poco.
2. No nos cansamos porque trabajamos muy poco.
3. No tienen dinero porque les pagaron muy poco.
4. No sabes literatura porque lees muy poco.
5. No bailan bien porque practican muy poco.
6. No necesita mucho dinero porque gasta muy poco.
7. No está bueno el café porque lo calentaron muy poco.
8. No aprendes alemán porque estudias muy poco.
9. Sobró mucha ensalada porque comieron muy poco.
10. No está suave la carne porque la cocieron muy poco.

Practico **más** deportes **que** Alejandro.
Practico **tantos** deportes **como** Alejandro.
Practico **menos** deportes **que** Alejandro.

Ese hotel es **más** lujoso **que** éste.
Ese hotel es **tan** lujoso **como** éste.
Ese hotel es **menos** lujoso **que** éste.

Aquí hay **más** discotecas **que** en Acapulco.
Aquí hay **tantas** discotecas **como** en Acapulco.
Aquí hay **menos** discotecas **que** en Acapulco.

Este puerto es **más** importante **que** Veracruz.
Este puerto es **tan** importante **como** Veracruz.
Este puerto es **menos** importante **que** Veracruz.

11.2. COMPARATIVOS

Recuerda:

El grado comparativo del adjetivo puede ser de:

—Superioridad
(más... que)   Él es **más** alto **que** yo.

—Igualdad
(tan... como)   Él es **tan** alto **como** yo.

—Inferioridad
(menos... que)   Él es **menos** alto **que** yo.

Atención:

El grado comparativo del **adverbio** se forma igual que el del adjetivo.

Corre **más** rápido **que** tú.
Corre **tan** rápido **como** tú.
Corre **menos** rápido **que** tú.

11.3. TANTO... COMO (sustantivos)

Para establecer comparación entre dos **sustantivos** que tienen el mismo valor, se usa:

más... que
tanto... como
(a, os, as)
menos... que

Tengo **más** libros **que** Alicia.
Tengo **tantos** libros **como** Alicia.
Tengo **menos** libros **que** Alicia.

Atención:

tan**to** diner**o**
tan**ta** prisa
tan**tos** dis**cos**
tan**tas** discotec**as**

III. Forma una oración. Usa *más... que.*

Ejemplo: Pepe tiene muchos libros. Yo tengo pocos.
Pepe tiene **más** libros **que** yo.

1. Elena necesita dinero. Luis necesita menos dinero.
2. Ellos practican muchos deportes. Carlos sólo practica tenis.
3. Aquí hay tres discotecas. Allá hay dos.
4. Elena sabe muchas leyendas. Juan sabe pocas.
5. Alicia tiene ocho tíos. Lucía tiene cinco.
6. En Venezuela hay mucho petróleo. En Bolivia hay poco.
7. Yo fumo veinte cigarros. Mi hermano fuma diez.
8. Hay muchas moscas en el jardín. En la casa hay pocas.
9. En México hay varios volcanes. En Guatemala hay pocos.
10. Arturo necesita seis lápices. Sara necesita cuatro.

IV. Forma oraciones negativas. Usa *tanto (a, as, os)... como.*

Ejemplo: Jorge trajo seis discos. Yo traje tres.
Yo no traje **tantos** discos **como** Jorge.

1. En mi país hay muchas montañas. En el tuyo hay menos.
2. Alicia brincó tres metros. Lupe brincó dos.
3. En las ciudades hay mucho smog. En los pueblos hay poco.
4. Luis toma mucha leche. Alicia toma poca.
5. Practicamos varios deportes. Lucía practica pocos.
6. Eché a perder mucho papel. Rosa echó a perder poco.
7. Jorge tiene mucho dinero. Nosotros tenemos poco.
8. En mi coche hay mucho lugar. En el tuyo hay poco.
9. Elena recibió muchos regalos. Tere recibió pocos.
10. Mis sobrinos comieron muchas aceitunas. Los tuyos comieron pocas.

V. Forma oraciones. Usa *menos... que.*

Ejemplo: Juan escribió tres artículos. Luis escribió uno.
Luis escribió **menos** artículos **que** Juan.

1. Me equivoqué tres veces. Luisa se equivocó dos.
2. Rosa gastó mucho dinero. Elena gastó poco.
3. Llevé seis cintas. Roberto llevó tres.
4. Ellos compraron varios melones. Yo compré uno.
5. El perro tomó mucha agua. Los gatos tomaron poca.
6. Pepe hizo seis dibujos. Martha hizo cinco.
7. Ayer nacieron treinta niños. Hoy nacieron veinte.
8. Elena picó tres cebollas. Rosa picó dos.
9. Lucía comió tres rebanadas de jamón. Ana comió una.
10. Escribí varias recetas. María escribió dos.

11.4. TANTO COMO (VERBOS)

> Cuando la comparación se refiere a un verbo se usa:
>
> | | |
> |---|---|
> | más | que |
> | tanto | como |
> | menos | que |

Me divierto **más que** Luis.
Me divierto **tanto como** Luis.
Me divierto **menos que** Luis.

Alicia descansa **más que** Lucía.
Alicia descansa **tanto como** Lucía.
Alicia descansa **menos que** Lucía.

VI. Forma una oración. Usa *más que*.

Ejemplo: Carlos estudia mucho. Juan estudia poco.
　　　　Carlos estudia **más que** Juan.

1. Alicia se divierte mucho. Rosa se divierte poco.
2. Los muchachos descansan mucho. Yo descanso poco.
3. El doctor se cansa mucho. Su hijo se cansa poco.
4. Los hijos gritan mucho. Juanito grita poco.
5. Me preocupo mucho. Tú te preocupas poco.
6. La señora trabaja mucho. Martha trabaja poco.
7. Tus amigas platican mucho. Tú platicas poco.
8. Teresa gasta mucho. Sus hijos gastan poco.
9. Ellos discuten mucho. El policía discute poco.
10. La niña se queja mucho. El niño se queja poco.

VII. Cambia. Usa *tanto como.*

Ejemplo: Elena estudia **menos que** Alicia.
        Elena no estudia **tanto como** Alicia.

1. Lupe se divierte menos que Lucía.
2. Ellos se equivocan menos que nosotros.
3. La niña brinca menos que el niño.
4. Mi mamá descansa menos que mi papá.
5. Ellos se preocupan menos que usted.
6. Lucía platica menos que Ana Luisa.
7. Mis suegros viajan menos que mis padres.
8. Jorge sabe menos que Sara.
9. Tu esposo bromea menos que Raúl.
10. Mis hijas ayudan menos que las tuyas.

VIII. Forma una oración. Usa *menos que.*

Ejemplo: Lucía practica mucho. Ana practica poco.
        Ana practica **menos que** Lucía.

1. Tu niño se enferma mucho. Mi niño se enferma poco.
2. Los muchachos comen mucho. Ellas comen poco.
3. María se arregla mucho. Verónica se arregla poco.
4. Los niños caminan mucho. Yo camino poco.
5. El señor Moreno toma mucho. Jorge toma poco.
6. Tu bebé duerme mucho. Mi bebé duerme poco.
7. Los albañiles trabajan mucho. Los empleados trabajan poco.
8. El doctor García fuma mucho. Tú fumas poco.
9. Esas llaves gotean mucho. Ésta gotea poco.
10. Llueve mucho en México. En Acapulco llueve poco.

11.5. TANTO

Expresa cantidad. Se usa después del verbo.

Tomó mucho en la fiesta.
Tomó tanto que se enfermó.

IX. Cambia. Usa *tanto.*

Ejemplo: Se lastimó la mano porque jugó mucho.
Jugó **tanto** que se lastimó la mano.

1. Nos enfermamos porque comimos mucho.
2. Te dolió la cabeza porque te asoleaste mucho.
3. Se cansaron porque manejaron mucho.
4. Les dolió el estómago porque se rieron mucho.
5. Te sentiste mal porque tomaste mucho.
6. No durmió bien porque se preocupó mucho.
7. No tengo dinero porque gasté mucho.
8. Estaban aburridas porque plancharon mucho.
9. El perro se enojó porque lo molestaron mucho.
10. Aprendí alemán en seis meses porque estudié mucho.

Tenemos **más** ropa **que** ustedes.
Tenemos **más de** quince pantalones.

Lucía sabe **más** verbos **que** Elena.
Lucía sabe **más de** cien verbos.

Necesito **menos** dinero **que** tú.
Necesito **menos de** ochenta pesos.

11.6. MÁS QUE - MÁS DE

Tengo **más** pantalones **que** Luis.
Tengo **más de** diez pantalones.

X. Cambia. Usa *más de.*

Ejemplo: Lucía tiene **más** discos **que** Tere.
            Tiene **más de** treinta discos.

Atención:
más de
menos de   +   número

1. Tengo más edad que tú.
2. Tenemos más tíos que usted.
3. Sé más leyendas que Elena.
4. Conoce más países que yo.
5. Hay más volcanes que allá.
6. Planché más ropa que tú.
7. Leímos más libros que ustedes.
8. Compró más discos que yo.
9. Lavé más pantalones que Rosa.
10. Necesitan más dinero que ustedes.

XI. Cambia. Usa *menos de.*

Ejemplo: Rosa tiene **menos** dinero **que** usted.
            Tiene **menos de** cincuenta pesos.

1. Tienen menos caballos que nosotros.
2. Compró menos suéteres que usted.
3. Necesitan menos lápices que usted.
4. Tomó menos aspirinas que Jorge.
5. Comí menos aceitunas que ella.
6. Durmieron menos tiempo que ella.
7. Hay menos llaves que ayer.
8. Tiene menos dinero que yo.
9. Tengo menos edad que usted.
10. Conocen menos países que yo.

¿Qué **hicieron** en Acapulco?
Miles de cosas. **Nadamos, pescamos,
esquiamos, jugamos** golf, **vimos** a
los clavadistas y **fuimos** a los
centros nocturnos.

 ¿Qué **hacían** en Acapulco?
Miles de cosas. **Nadábamos, pescábamos,
esquiábamos, jugábamos** golf, **veíamos** a
los clavadistas e **íbamos** a los centros
nocturnos.

¿**Se divirtieron** mucho?
Sí, mucho, a pesar de Manuel que
es tan pesado.
Mira, **hacíamos** planes para ir a la
bahía y él **decía** que no. **Pensábamos**
ir a ver la puesta del sol y **decía**
que no. Nunca iremos con él otra vez.

¿**Hacía** mucho calor?
¡ Uy!, sí, mucho. Además **había** demasiada gente.
Todo **estaba** lleno: las playas, los restaurantes, los hoteles.
Creo que en este mes hay planes familiares muy
económicos y todo el mundo va.

¿Qué **comían**?
Comíamos rico: pescado y mariscos junto a las olas.

11.7. PRETÉRITO - COPRETÉRITO

¿Qué hicieron en Acapulco?	Se refiere a una sola vez. Hablamos de un viaje determinado.
¿Qué hacían en Acapulco?	Implica acción habitual, repetida. Hablamos de uno o varios viajes en el pasado.

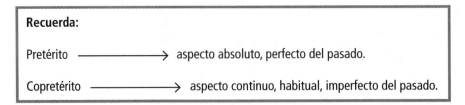

Recuerda:

Pretérito ————————→ aspecto absoluto, perfecto del pasado.

Copretérito ————————→ aspecto continuo, habitual, imperfecto del pasado.

Pensábamos ir.

Atención:

Con el copretérito se expresa la **intención** de realizar una acción en el pasado.

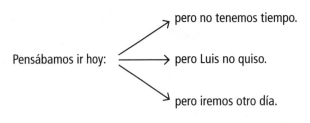

Pensábamos ir hoy:

pero no tenemos tiempo.

pero Luis no quiso.

pero iremos otro día.

La intención que expresa el verbo en copretérito, generalmente no se realiza.

La razón por la cual no se realiza puede estar en presente, pretérito, copretérito o futuro.

XII. Cambia al copretérito y completa. Usa *el presente.*

Ejemplo: **Necesito ir.**
Necesitaba ir pero ahorita no puedo.

1. Queremos comprarlo.
2. Piensan leer ese libro.
3. Tengo que salir.
4. Voy a ver la tele.
5. Quieren invitarlos.
6. Tengo ganas de esquiar.
7. Pensamos jugar golf.
8. Quiero comer mariscos.
9. Vamos a ir al mar.
10. Pienso ver al clavadista.

XIII. Cambia al copretérito y completa. Usa *el pretérito o el copretérito.*

Ejemplo: **Piensan jugar** golf.
  Pensaban jugar golf pero **llovió.**
  Pensaban jugar golf pero no **tenían** pelotas.

1. Queremos ir a pescar.
2. Van a ir a un centro nocturno.
3. Necesitan más dinero.
4. Quieren ver la puesta del sol.
5. Vamos a esquiar.
6. Tenemos que ir a la bahía.
7. Quiero comer mariscos.
8. Estamos haciendo planes.
9. Piensan ir al mar.
10. Vamos a ver a los clavadistas.

XIV. Contesta como en el ejemplo. Usa *el presente o el pretérito.*

Ejemplo: ¿Quieres comer pescado?
  Quería comerlo pero no **hay.**

1. ¿Vas a esquiar?
2. ¿Piensan jugar golf?
3. ¿Van a ir a pescar?
4. ¿Quieres descansar?
5. ¿Van a ver la puesta de sol?
6. ¿Piensa comer mariscos?
7. ¿Vas a planchar tus pantalones?
8. ¿Tienes ganas de salir?
9. ¿Quieres brincar las olas?
10. ¿Van a un centro nocturno?

XV. Contesta.

1. ¿Qué hicieron ayer?
2. ¿Qué hacías en el cuarto?
3. ¿Qué comiste ayer?
4. ¿Qué comías en Acapulco?
5. ¿Qué vieron en Acapulco?
6. ¿Qué hicieron en la discoteca?
7. ¿Adónde fuiste en las vacaciones?
8. ¿Adónde iban en las vacaciones?
9. ¿Descansaste mucho en Cuernavaca?
10. ¿Descansabas mucho en Cuernavaca?

Hacía calor en Acapulco.
La mesa **estaba** muy sucia.
Era un hombre alto.

> **Recuerda:**
>
> Usamos el copretérito para describir personas, cosas o situaciones en el pasado.

XVI. Cambia al copretérito.

1. Hay mucha gente en el centro.
2. Llueve muchísimo en ese pueblo.
3. Elena es muy agradable.
4. Hay unas olas muy altas.
5. Carlos es un gran clavadista.
6. El mar está muy tranquilo.
7. La vista del puerto es impresionante.
8. Hay mucho pescado y mariscos.
9. La bahía está llena de gente.
10. Mi abuela es una persona muy normal.

Admirábamos la puesta de sol cuando los vimos.
Cuando planchaba los pantalones, sonó el teléfono.

> **Recuerda:**
>
> La acción continua se expresa en copretérito y la que interrumpe, en pretérito.

XVII. Completa.

1. Admiraba la bahía cuando...
2. Regresaban de la playa cuando...
3. Pensaba en ti cuando...
4. Comíamos mariscos cuando...
5. Veían al clavadista cuando...
6. Jugábamos golf cuando...
7. Descansábamos cuando...
8. Veía la tele cuando...
9. Planchaba los pantalones cuando...
10. Hablaba por teléfono cuando...

CONVERSACIÓN

XVIII. Lee.

Acapulco es uno de los puertos más famosos del mundo. El clima es ideal, hace calor todo el año. Tiene atractivos para todas las edades y todos los gustos. Es posible ir en plan familiar a descansar y a jugar en la playa. Para los jóvenes también hay toda clase de atractivos: discotecas, centros nocturnos, muchos lugares para bailar o tomar una copa. Todos pueden practicar su deporte favorito: jugar golf, esquiar, pescar, nadar, etcétera. Hay también muchos atractivos naturales: la vista de la bahía es muy bella, las puestas de sol son impresionantes.

En Acapulco hay hoteles muy lujosos y cuartos económicos. Las playas son muy diferentes también: El Revolcadero con olas muy grandes; Puerto Marqués con un mar muy tranquilo; Pie de la Cuesta, en donde es imposible nadar, pero vale la pena ir a ver la puesta del sol.

—Vamos a hacer planes para hoy, ¿no?

—Sí. Papá y yo queremos ir al club de golf. ¿Ustedes qué piensan hacer?

—Queremos ir a El Revolcadero a brincar olas y a nadar. Nos vemos a la hora de comer, ¿no?

—Bueno, ¿en dónde?

—En la playa junto al hotel. Allí podemos comer mariscos y dormir una siesta.

—En la tarde hay que llevar a David a ver a los clavadistas.

—Sí, claro. Es un espectáculo impresionante. Los nativos de Acapulco son expertos clavadistas. Es realmente fantástico verlos.

—¡Qué bueno! Vamos a divertirnos mucho este fin de semana. Mil gracias por todo.

—De nada, David. Es bueno saber que te gusta nuestro país.

XIX. Contesta.

1. ¿Cómo es Acapulco?
2. ¿Lo conoces?
3. ¿Qué puertos conoces?
4. ¿Qué pueden hacer los jóvenes en Acapulco?
5. ¿Y las familias?
6. ¿Es muy caro Acapulco?
7. ¿No hay hoteles baratos?
8. ¿Qué podemos comer en Acapulco?
9. ¿Cómo son las playas?
10. ¿Te gustan las olas altas?
11. ¿Qué van a hacer los papás de Elena?
12. ¿Y los muchachos?
13. ¿A qué hora van a verse?
14. ¿En dónde?
15. ¿Van a divertirse en Acapulco?

—¿Hace mucho que vives en México?

—No, no mucho. Llegué hace cuatro meses.

—Estudias español, ¿verdad?

—Español y otras cosas. Me interesa mucho la lengua, pero me interesa también entender la cultura y el carácter de los mexicanos. Últimamente he leído algunos libros muy interesantes sobre tu país y sobre Latinoamérica.

—¿Cómo te imaginabas a los mexicanos antes de venir?

—Iguales a nosotros.

—No seas diplomático. De cada nacionalidad hay una imagen que generalmente no coincide con la realidad.

Cuando pensamos en un japonés, siempre lo vemos vestido con su traje típico, comiendo arroz.

Un inglés es un hombre elegante y serio que usa paraguas y camina muy derecho.

Un francés, mejor dicho una francesa, es una muchacha con boina y falda negra, que fuma con boquilla.

Un americano usa shorts y camisa de colores con palmeras y flores. ¡Ah!, y siempre trae una cámara fotográfica.

—Como verás, ninguno corresponde a la realidad. Creo que son el resultado de la publicidad turística. Ahora sí, dime qué pensabas cuando oías hablar de los mexicanos antes de venir.

—Creo que pensaba en los mexicanos de las tarjetas postales.

1. **Hemos vivido** en esta casa seis años.
   ¿Cuánto tiempo **has estudiado** español?
   Luis **ha trabajado** aquí varios meses.

2. **He visto** esta película tres veces.
   ¿**Has ido** al cine últimamente?
   Hemos estado en Puebla varias veces.

3. La señora Ramos no **ha llegado**.
   Todavía no **he leído** el periódico.
   ¿No **han servido** la comida todavía?

4. ¿No **has visto** mi paraguas* ?
   He oído el resultado del estudio.
   Hemos sabido la verdad ayer.

12.1. EL ANTEPRESENTE

Expresa:

1. Una acción que empezó en el pasado y continúa hasta el momento presente:
   He vivido aquí varios años.
2. Una acción que se ha realizado varias veces en el pasado y que puede repetirse:
   Lo he leído cuatro veces.
3. Una acción esperada que todavía no se realiza:
   El doctor no ha llegado.
4. Una acción ocurrida en un pasado muy cercano:
   Han adivinado la verdad.

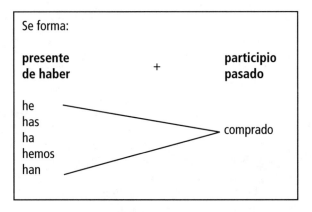

Se forma:

presente de haber	+	participio pasado
he has ha hemos han		comprado

---

* El paraguas - los paraguas.

> El participio pasado en español se forma con las terminaciones
> **ado   ido**

cantar = cant**ado**
comer = com**ido**
salir = sal**ido**

Atención:	
Algunos participios irregulares	
abrir - abier**to**	poner - pues**to**
devolver - devuel**to**	romper - ro**to**
escribir - escri**to**	ver - vis**to**
morir - muer**to**	volver - vuel**to**
decir - di**cho**	hacer - he**cho**

Han abierto la puerta.
Te he dicho la verdad.
No he visto la película.

I. Cambia al antepresente.

Ejemplo: **Estudio** aquí desde el 2008.
          He estudiado aquí cinco años.

1. Viven en Colombia desde el 2000.
2. ¿Trabajas aquí desde el año pasado?
3. Estudio español desde el 2010.
4. Fuman cigarros con filtro desde mayo.
5. Le duele la cabeza desde el domingo.
6. Compran su ropa allí desde el 2009.
7. ¿Juegas futbol desde el 2005?
8. Asistimos a esta escuela desde febrero.
9. Practico gimnasia desde el 2011.
10. Somos amigos de Juan desde el 2002.

II. Contesta. Usa el *antepresente.*

Ejemplo: ¿Conoces Nueva York?
          Sí, **he ido** tres veces.

1. ¿Leíste la novela que te presté?
2. ¿Vio usted esa película?
3. ¿Perdiste tus llaves?
4. ¿Fueron al Museo de Antropología?
5. ¿Visitaron ustedes las pirámides?
6. ¿Te caíste en la escuela?
7. ¿Le dio dolor de cabeza ayer?
8. ¿Te sentaste en la silla rota?
9. ¿Invitaron ustedes a Raúl?
10. ¿Les dolió a ustedes el estómago?

III. Completa. Usa el *antepresente.*

Ejemplo: Carmen salió a las tres pero no **ha regresado**.

1. Ese maestro es puntual pero...
2. Pensábamos terminar a las nueve pero...
3. El perro está muy enfermo pero...
4. Jorge tenía que hablarnos pero...
5. Lo han buscado todo el día pero...
6. Iban a apagar las luces pero...
7. Creímos que iba a venir pero...
8. Pensábamos trabajar hoy pero...
9. Tenían que analizar el problema pero...
10. Quería arreglar mis papeles pero...

IV. Cambia al antepresente.

Ejemplo: **Vimos** un accidente.
      Hemos visto un accidente.

1. Oí un ruido en la calle.
2. Perdimos el paraguas.
3. ¿Supiste el resultado del problema?
4. No conseguí la cámara.
5. ¿Viste el accidente en la televisión?
6. Supimos la noticia hace un rato.
7. Me quejé con el dueño.
8. ¿Vieron a una niña vestida de azul?
9. Leí un artículo sobre música popular.
10. ¿Te interesaron las conferencias?

V. Contesta como en el ejemplo.

Ejemplo: ¿Ya encontraste la cámara?
      Sí, **ya** la **encontré**.

1. ¿Ya preparaste el arroz?
2. ¿Ya viste las palmeras?
3. ¿Ya llamaron al doctor?
4. ¿Ya buscaron el paraguas?
5. ¿Ya discutieron el problema?
6. ¿Ya plancharon la ropa?
7. ¿Ya pintaron las paredes?
8. ¿Ya recogiste tus papeles?
9. ¿Ya devolviste el libro?
10. ¿Ya preguntaron la dirección?

VI. Contesta las preguntas del ejercicio V como en el ejemplo.

Ejemplo: ¿Ya encontraste tu cámara?
        No, **todavía** no la **he encontrado**.
        No, todavía no.

He conservado este reloj muchos años.
Hace muchos años **que** conservo este reloj.
Conservo este reloj **hace** muchos años.

Has estado muy pensativo estos días.
Hace varios días **que** estás pensativo.
Estás pensativo **hace** varios días.

Esta casa ha pertenecido a mi familia desde 1950.
Hace muchos años **que** pertenece a mi familia.
Pertenece a mi familia **hace** muchos años.

12.2. HACE (antepresente)

hace + presente
se usa también para expresar una acción que empezó en el pasado y continúa hasta el presente.

Trabajo aquí hace dos años.
Hace dos años que trabajo aquí.
He trabajado aquí dos años.

Hay dos posibilidades para colocar **hace** en la oración:
Hace mucho **que** vine. Vine **hace** mucho.
Cambia la estructura pero **no** el significado.

VII. Cambia como en el ejemplo.

Ejemplo: **Hace** tres días **que** no veo a Juan.
　　　　　No veo a Juan **hace** tres días.

1. Hace varios años que vives en Nueva York.
2. Hace mucho que compro mi ropa allí.
3. Hace tiempo que no hablo con Teresa.
4. Hace dos años que se murió su esposo.
5. Hace unos meses que vivimos aquí.
6. Hace dos días que no come el perro.
7. Hace un año que regresaron mis tíos.
8. Hace varios días que no fumo.
9. Hace meses que no veo una buena película.
10. Hace dos horas que queremos comer.

VIII. Cambia al negativo.

Ejemplo: Vi a Rosa hace tres días.
　　　　 Hace tres días **que** no veo a Rosa.

1. Luis jugó futbol hace dos semanas.
2. Leí un libro en español hace mucho.
3. Fuimos a Cuernavaca hace tres semanas.
4. Lavaron su ropa la semana pasada.
5. Comimos pastel el domingo.
6. Vieron una buena película hace varios meses.
7. Pagaron la renta hace dos meses.
8. Compré unos discos en diciembre.
9. Llovió aquí hace dos meses.
10. Estudiaron español hace dos años.

IX. Forma oraciones.

Ejemplo: Viven en Puebla desde el 2011.
   Han vivido en Puebla dos años.
   Hace dos años que viven en Puebla.
   Viven en Puebla **hace** dos años.

1. Rentamos el coche en diciembre.
2. Estoy en México dese el 2010.
3. Fumamos desde el 2000.
4. Empezó a trabajar en abril.
5. Luis está muy pensativo desde el lunes.
6. Empecé a tomar estos cursos el año pasado.
7. Conservamos esta casa desde 1950.
8. Estudiamos piano desde el 2008.

CONVERSACIÓN

X. Lee.

No es posible generalizar cuando hablamos de nacionalidades. En realidad no existe una persona típica o representativa de cada país. En todos los países hay varios tipos humanos que son el resultado de las condiciones geográficas, del clima, de los problemas sociales. No es posible decir, por ejemplo, que un americano de Minnesota es igual a uno de California.

En México también hay diversos tipos humanos, de carácter muy diferente.

En el norte del país, donde la tierra es seca, la gente es fuerte, brusca y franca. En la costa la gente es muy alegre, le gusta la música y el baile. En las zonas donde hay población indígena, como Oaxaca y Chiapas, la gente es diferente porque está cerca de las culturas indígenas y recibe su influencia más directamente.

Hay en el país algunos grupos indígenas que han conservado formas de vida antigua; casi no tienen contacto con otras personas y su vida es muy primitiva.

Los habitantes de la Ciudad de México son muy diferentes. A la ciudad llegan muchas influencias culturales: espectáculos extranjeros, gente de otros países, cine, etcétera. En la ciudad se encuentran muchas ideologías, formas de vida y de pensamiento. Esto produce* gente cosmopolita y moderna que en ocasiones puede estar más cercana a un neoyorkino o a un londinense que a un indígena del estado de Chiapas, por ejemplo. Estas influencias culturales, geográficas y lingüísticas existen en casi todos los países del mundo. Por eso no podemos hablar de una persona típica de un país.

---

*Verbo irregular.

XI. Contesta.

1. ¿Es posible generalizar cuando hablamos de nacionalidades?
2. ¿Existe una persona típica de tu país?
3. ¿Por qué hay diferentes tipos humanos?
4. ¿Cuál es la influencia del clima?
5. ¿Cómo son los mexicanos del norte de México?
6. ¿Conoces a alguno? ¿Cómo es?
7. ¿Cómo son los de la costa?
8. ¿Cómo es la vida de los indígenas?
9. ¿Cómo es la gente de la Ciudad de México?
10. ¿Cuáles son las influencias culturales en la ciudad?
11. ¿Qué tipos humanos diferentes hay en tu país?
12. ¿Por qué?

—¡Mira qué coincidencia! El otro día hablábamos de las diferencias que hay entre los mexicanos. Ahora vas a tener la oportunidad de conocer algo de la provincia.

—¡Qué bueno! ¿A dónde vamos?

—A un pueblo cerca de Veracruz. Se va a casar una prima de nosotros y vamos a la boda.

—¡Ah, qué bien! Me encanta la idea de conocer a la gente y de ver cómo es una boda de pueblo.

—Sí, yo pensé que te gustaría mucho ir.

—Claro que sí. Ya sabes que me interesa ver todo, pero en especial a la gente.

—Además vas a conocer a la familia de mi mamá.

—¿Tiene muchos parientes?

—Muchísimos, como casi todos los mexicanos.

Te **expliqué que llegarían** mis parientes.
Nos **avisaron que** la boda **sería** a las doce.
Luisa **dijo que iría** a la modista.
Me **contó que adornarían** el patio con flores.
Pensé que no **servirían** bebidas.
Nos **contestó que llamaría** a las once.
Te **platiqué que regresaría** tarde.

13.1. POSPRETÉRITO (como futuro)

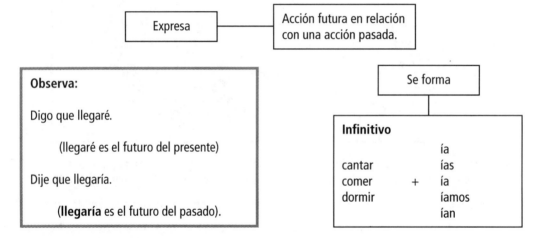

| Expresa | Acción futura en relación con una acción pasada. |

Observa:

Digo que llegaré.

   (llegaré es el futuro del presente)

Dije que llegaría.

   (**llegaría** es el futuro del pasado).

Se forma

Infinitivo

	ía
cantar	ías
comer +	ía
dormir	íamos
	ían

I. Cambia como en el ejemplo.

Ejemplo: Elena **piensa que llegará** tarde.
         Elena **pensó que llegaría** tarde.

1. Ellos dicen que no participarán.
2. Mi tía opina que todo resultará bien.
3. Los niños dicen que adornarán el patio.
4. ¿Crees que irá Ana Luisa?
5. La secretaria avisa que llegará el sábado.
6. Suponemos que se divertirán mucho.
7. Pienso que estarán de mal humor.
8. ¿Sabes que contratarán un nuevo maestro?
9. Todos opinan que no lloverá.
10. Quiere decir que no lo repetirá.

II. Cambia como en el ejemplo.

Ejemplo: Luis **dijo que resultaría** bien.
           Luis **dice que resultará** bien.

1. Nos contestaron que lo pensarían.
2. Supuse que llegarías tarde.
3. Me contaron que adornarían la casa.
4. Supimos que resultaría bien.
5. Repitió que conservaría esas cartas.
6. Luis dijo que no servirían bebidas.
7. Dijeron que producirían más arroz.
8. Creí que participarías en la clase.
9. ¿Opinaste que subirían los precios?
10. Dijo que todos coincidiríamos.

III. Cambia.

Ejemplo: Rosa **irá** a la modista.
           (contestar) Rosa **contestó que iría** a la modista.

1. Mi tía conservará esas revistas. (decir)
2. Los campesinos producirán más arroz. (pensar)
3. El maestro participará en la conferencia. (contestar)
4. Margarita llegará tarde. (explicar)
5. No debemos generalizar. (opinar)
6. Los niños adornarán la casa. (avisar)
7. Jorge esperará en la oficina. (decir)
8. Repetiré la clase mañana. (contestar)
9. La modista no terminará a tiempo. (pensar)
10. Sus parientes no regresarán hoy. (avisar)

IV. Contesta. Usa *el pospretérito.*

Ejemplo: ¿Qué dijo Jorge?
           (Dijo) Que no **volvería** hoy.

1. ¿Qué opinaron los muchachos?
2. ¿Qué contestaste?
3. ¿Qué dijeron tus parientes?
4. ¿Qué contó Margarita?
5. ¿Qué dijiste?
6. ¿Qué contestaron los empleados?
7. ¿Qué creyó Luisa?
8. ¿Qué opinaste?
9. ¿Qué pensó Ana Luisa?
10. ¿Qué creyeron los niños?

Pensé que **podría** participar.

Dijeron que **harían** mole y frijoles.

Yo ya sabía que **habría** baile.

Opinamos que **tendrían** que adornar el altar.

Contestó que **saldríamos** como a las tres.

13.2. POSPRETÉRITO (verbos irregulares)

Los mismos verbos que son irregulares en el futuro, son también irregulares en el pospretérito.

tendré - tendría
querré - querría
podré - podría

Recuerda:

tener
tendr - é - ía

pero usan las mismas terminaciones.

Algunos verbos irregulares en pospretérito

Decir	Haber	Hacer
diría	habría	haría
dirías	habrías	harías
diría	habría	haría
diríamos	habríamos	haríamos
dirían	habrían	harían
Poder	**Poner**	**Querer**
podría	pondría	querría
podrías	pondrías	querrías
podría	pondría	querría
podríamos	pondríamos	querríamos
podrían	pondrían	querrían
Saber	**Salir**	**Tener**
sabría	saldría	tendría
sabrías	saldrías	tendrías
sabría	saldría	tendría
sabríamos	saldríamos	tendríamos
sabrían	saldrían	tendrían
Valer	**Venir**	
valdría	vendría	
valdrías	vendrías	
valdría	vendría	
valdríamos	vendríamos	
valdrían	vendrían	

V. Cambia como en el ejemplo.

Ejemplo: **Creo que tengo** suficiente tiempo.
        Creí que tendría suficiente tiempo.

1. Piensa que saldrá como a las ocho.
2. Opinamos que no vendrán sus parientes.
3. Dicen que no habrá luz mañana.
4. Luis cree que Ana no hará nada.
5. Avisan que no podrán llegar a tiempo.
6. Creo que la niña nunca dirá la verdad.
7. Pensamos que mañana sabremos la noticia.
8. Dicen que hará mucho frío en noviembre.
9. Nos avisan que no tendrán tiempo el lunes.
10. Creen que no habrá lugares para todos.

VI. Completa. Usa *un verbo irregular en pospretérito.*

Ejemplo: Dijeron que...
        Dijeron que vendrían a tiempo.

1. Opinaste que...
2. Pensamos que...
3. Dijeron que...
4. Creí que...
5. ¿Pensaste que...
6. Avisaron que...
7. Contesté que...
8. Supimos que...
9. Dije que...
10. Creyó que...

Para hacer mole, **se necesita** tiempo.

Generalmente **se sirve** con arroz.

A las doce **se inicia** la ceremonia.

Se ponen flores en las mesas.

Se habla inglés.

No **se presta** el teléfono.

13.3. SE (impersonal)

> **Se** representa un sujeto
> impersonal: un sujeto desconocido
> o poco importante.

Cuando decimos:

Se habla inglés

no hay ningún interés en saber **quién** habla inglés, sino en el hecho de que alguien (desconocido) habla inglés.

Se habla inglés.
No se sirven bebidas

			singular
Se	+	tercera persona	o
			plural

Se usa frecuentemente en letreros:

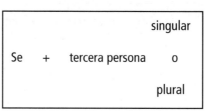

SE RENTAN DEPARTAMENTOS

VII. Cambia al plural.

Ejemplo: **Se vende** esta casa.
Se venden estas casas.

1. Se necesita una secretaria.
2. Se rompió un vaso.
3. Se renta departamento.
4. Se firmó el contrato.
5. Se necesita una máquina.
6. Se vende este coche.
7. Se supo la noticia.
8. Se paga un peso.

VIII. Cambia. Usa *se*.

Ejemplo: Roberto **distribuye** el dinero entre todos.
Se distribuye el dinero entre todos.

1. Juan hace letreros.
2. Aprenden mucho con ese maestro.
3. Mi hermano renta una casa.
4. En la oficina saben la noticia.
5. Ellos arreglan máquinas de escribir.
6. Ese muchacho distribuye programas.
7. No debes generalizar.
8. La secretaria no presta los teléfonos.
9. Mi prima habla alemán.
10. El señor Gómez arregla bicicletas.

CONVERSACIÓN

IX. Lee.

En un pueblo una boda es un gran acontecimiento porque, como toda la gente se conoce, todos participan en ella.

Además, como la vida en los pueblos es tan tranquila y casi nunca pasa nada, cuando hay una boda, una muerte, un nacimiento, se vuelve algo muy especial.

Los preparativos para una boda empiezan con mucha anticipación. La primera fiesta es cuando la familia del novio va a la casa de la novia a "pedir su mano".

Unos días antes de la ceremonia religiosa, los novios se casan por lo civil, esto es, oficialmente, con un juez.

Pero la ceremonia verdaderamente importante es la boda religiosa. Toda la familia y amigos de la casa colaboran en la organización. La iglesia, las invitaciones, el vestido, los invitados, todo es importante.

El vestido lo hace la mejor modista del pueblo. La madre de la novia —personaje importante en esta ceremonia— opina y ayuda a la novia a

escoger la tela y el modelo. Cuando el vestido está listo, lo llevan a la casa de la novia. Nadie debe verlo antes de la boda.

Los novios tienen que distribuir las invitaciones personalmente. Muchas veces deben viajar, con la mamá de la novia, a otras ciudades para llevarlas. No es correcto, de acuerdo con la etiqueta, mandar las invitaciones por correo.

La comida de la boda se empieza a preparar con varias semanas de anticipación.

Un plato típico de esta clase de bodas es el mole. Para hacerlo se necesita mucho tiempo. Las mujeres de la provincia son expertas en su preparación. Es un platillo muy sabroso que generalmente se sirve con consomé, arroz, frijoles y tortillas.

Además de la comida se sirven muchos dulces hechos en casa. La abuela, las tías y las amigas preparan el de su especialidad. El resultado es una gran variedad de dulces muy sabrosos. También se sirve pastel y diferentes bebidas.

El día de la boda ponen en la iglesia una gran cantidad de flores y luces y una alfombra roja desde la puerta hasta el altar. La música es también un aspecto muy importante de la ceremonia.

La novia llega a la iglesia en coche con su papá. En la puerta está el novio con todos los invitados esperándola. Toca la música y se inicia la ceremonia.

La fiesta se hace en el patio. Toda la casa de la novia —desde la puerta hasta el patio— se adorna con flores blancas. En cada una de las mesas se ponen flores también.

La música empieza a tocar cuando entran los novios y se inicia la fiesta. Estas bodas generalmente resultan muy alegres.

Además de la gente del pueblo, van los parientes y amigos de otras ciudades. Hay mucho que platicar y contar.

Como en los pueblos todos se conocen, todos están invitados a la boda. La puerta de la calle se queda abierta y constantemente entran y salen.

Después de comer y brindar, tocan la canción favorita de los novios: es el momento de empezar el baile. La fiesta se acaba a las cuatro o cinco de la mañana, pero los novios se van antes, sin despedirse.

Generalmente se van de viaje a la playa o a otra ciudad.

X. Contesta.

1. ¿Cómo es la vida en los pueblos?
2. ¿Te gustaría vivir en un pueblo? ¿Por qué?
3. ¿Es importante una boda? ¿Por qué?
4. ¿Cuándo empiezan los preparativos?
5. ¿Cuál es la ceremonia más importante?
6. ¿Compra la novia su vestido?
7. ¿Cómo mandan las invitaciones?
8. ¿Qué sirven de comer en esta clase de bodas?
9. ¿Has comido mole y frijoles?
10. ¿Qué más se sirve de comer?
11. ¿Cómo arreglan la iglesia?
12. ¿Hay música?
13. ¿Has ido a una boda en México?
14. ¿Dónde hacen la fiesta?
15. ¿Cómo arreglan la casa?
16. ¿Cuándo empieza el baile?
17. ¿A qué hora se acaba la fiesta?
18. ¿Son muy diferentes las bodas en tu país?
19. ¿Has ido a una boda en otro país?
20. ¿Cuál es la principal diferencia?

—Te gustó la boda, ¿verdad David?

—Claro que sí. Me divertí mucho.

—Sí, lo notamos. No dejaste de bailar ni un minuto.

—Es que la música mexicana es muy alegre y las muchachas son muy guapas. La comida estuvo riquísima. La gente muy amable. Me sentí como en mi casa. Creo que aquí, en la ciudad, las cosas son muy diferentes.

—La razón es obvia; la gente de los pueblos es muy conservadora porque vive en un grupo social más pequeño. Por eso las costumbres y tradiciones se conservan.

—Una cosa que me llamó la atención es que casi todos son parientes.

—Sí, es verdad, las familias mexicanas son muy grandes. Yo, por ejemplo, tengo setenta primos. Son los hijos de los nueve hermanos de mi mamá y de los cinco de mi papá.

—¡Qué barbaridad! Yo sólo tengo tres.

Pasa por los niños.
Pasaría por ellos **pero** no tengo coche.

Regresen en la tarde.
Regresaríamos pero vamos a ir al centro.

Invierte en una pequeña industria.
Invertiría* pero ya gasté el dinero.

Hablen sobre costumbres y tradiciones.
Hablaríamos pero no tenemos la información.

Organicen una fiesta.
La **organizaríamos pero** tenemos que estudiar.

Llama a tu ayudante.
Lo **llamaría pero** no sirve el teléfono.

14.1. POSPRETÉRITO (como condicional)

Expresa condición o probabilidad.	**Iría pero** no puedo. **Podrías** ser más amable.

Deberías regresar antes de las ocho.

> **debería + infinitivo**
>
> Expresa consejo. Se refiere también a una especie de obligación moral.

Me gustaría mucho **ir** a Holanda.

> **gustaría + infinitivo**
>
> Expresa deseo de realizar una acción.

---

*Verbo irregular.

I. Forma una oración. Usa *pero*.

Ejemplo: Compra esos discos.
          Los compraría pero no tengo dinero.

1. Organicen una reunión.
2. Pase usted por los muchachos.
3. Brinden con los novios.
4. Prepara un platillo típico.
5. Renten un departamento.
6. Distribuye el trabajo entre todos.
7. Participa en la clase.
8. Colaboren en la organización.
9. Pertenece a un grupo político.
10. Conserven los papeles.

II. Forma una oración. Usa *deber.*

Ejemplo: Jorge es poco amable.
          Debería ser más amable.

1. Tienen un departamento sucio.
2. Esas empleadas no son trabajadoras.
3. El café no está muy caliente.
4. Elena no usa ropa elegante.
5. Compraste un sillón incómodo.
6. Ese hombre es muy cobarde.
7. Los muchachos son impuntuales.
8. La carne no está bien cocida.
9. El señor López es poco diplomático.
10. El problema no está muy claro.

III. Contesta. Usa *el pospretérito.*

Ejemplo: ¿Vas a ir a Cuernavaca?
          Me gustaría pero no puedo.

1. ¿Van a salir hoy en la noche?
2. ¿Piensas rentar un departamento?
3. ¿Les interesa colaborar con nosotros?
4. ¿Vas a distribuir los temas hoy?
5. ¿Van a ir a las conferencias?
6. ¿Van a preparar platillos típicos?
7. ¿Piensas llevar las invitaciones?
8. ¿Van a traer a sus niños?
9. ¿Vas a comprar un paraguas?
10. ¿Vamos a saber los resultados hoy?

Sabía que llamarías.
Dijimos que llovería.

Observa:

El término de la acción del verbo que está en pospretérito (llamarías, llovería) es indeterminado.

Cuando decimos:

Sabía que llamarías

la acción de llamar puede referirse al pasado, al presente o al futuro.

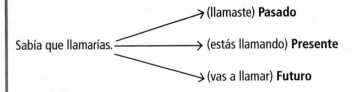

Sabía que llamarías. ─────→ (llamaste) **Pasado**

─────→ (estás llamando) **Presente**

─────→ (vas a llamar) **Futuro**

IV. Cambia.

Ejemplo: Juan dijo: "no vendré".
        Juan **dijo que no vendría.**

1. Te contesté: "no lo haré".
2. Escribimos: "valdrá la pena ir".
3. Carlos entendió: "no tendré tiempo".
4. Nos dijeron: "no habrá comida".
5. Pensé: "Luis podrá hacer el trabajo".
6. Les gritaron: "vendrá la policía".
7. Contestamos: "no habrá luz".
8. Entendí: "no tendremos tiempo".
9. Carmen dijo: "hará mucho frío".
10. Pensamos: "tendrá que regresar".

Estaban arreglando la casa **con** flores.
Las flores **con que** adornaban la casa eran blancas.

Haremos el viaje **en** barco.
El barco **en que** haremos el viaje es muy grande.

Está hecho **de** un material sintético.
El material **de que** está hecho es sintético.

14.2. QUE (relativo)

Cuando **que** sustituye un sustantivo (o frase nominal) precedido de una preposición, ésta se antepone al relativo:

Encontré el artículo **en** un libro.

El libro **en que** encontré el artículo está en la biblioteca.

Atención:

Cuando el antecedente es una persona precedida de una preposición, **no** se usa **que**.

Atención:

En español generalmente no se omite el pronombre relativo.

Recuerda:

Que → personas

Que → cosas

El niño **que** está allí es su hijo.

El libro **que** leí es interesante.

Atención:

preposición + que

(sólo para cosas)

V. Forma una oración.

Ejemplo: Hablábamos de historia.
          El tema **de que** hablábamos es muy interesante.

1. Sirvieron la carne con arroz.
2. Hablaban de leyendas indígenas.
3. Los papeles están en la mesa.
4. Brindamos con tequila.
5. Estaba pensando en esa película.
6. Mi amiga fuma con filtro.
7. Hay que poner la medicina en ese lugar.
8. Adornaron el patio con flores.
9. El doctor se quejaba de su coche.
10. Estuvimos estudiando en otro libro.

VI. Forma una oración.

Ejemplo: Juan viene en coche. Es un coche moderno.
          El coche **en que** viene Juan es moderno.

1. Tomé café con leche. La leche estaba descompuesta.
2. Leí en un libro la historia de México. El libro es de historia universal.
3. Borramos con una goma. Es una goma azul.
4. Hablábamos de cine. El tema es interesante.
5. Está hecho de madera. Es una madera importada.
6. Tiene sus lápices en una bolsa. La bolsa es muy vieja.
7. Fui a la fiesta con un vestido nuevo. El vestido es de mi amiga.
8. Tomé café en esa taza. La taza es nueva.
9. Hablaban de la grabadora. La grabadora no sirve.
10. Escribí los verbos en un cuaderno. El cuaderno es de biología.

Estuve platicando **con** el doctor.
El doctor **con quien** estuve platicando es profesor de la Facultad.

Luis ayudó a esos muchachos.
Los muchachos **a quienes** ayudó Luis son hijos de Teresa.

Los niños se estuvieron riendo **de** esa señora.
La señora **de quien** se estuvieron riendo es tía de Jorge.

14.3. QUIEN - QUIENES (relativos)

> Cuando el antecedente es una persona precedida de una preposición, se usa **quien** o **quienes**.
>
> El niño **con quien** hablé.
>
> Los niños **con quienes** hablé.

Atención:

El niño ríe **con** la señora.

El niño se ríe **de** la señora.

reírse → con
reírse → de

hablar → con
hablar → de

quejarse → con
quejarse → de

preguntar → por
preguntar → a

VII. Cambia como en el ejemplo.

Ejemplo: Nos quejamos **de** los empleados.
Los empleados **de quienes** nos quejamos no están aquí.

1. Estaba discutiendo con el ayudante.
2. La policía amenazó a esos muchachos.
3. Estuvieron bromeando con la secretaria.
4. Se rieron de la señora.
5. Luis bailó con esa muchacha.
6. Pregunté por las enfermeras.
7. Estuve cuidando a los niños.
8. Luisa preguntaba por el doctor.
9. Ayer estuvieron hablando de la señora.
10. Estuve discutiendo con los empleados.

VIII. Forma una oración.

Ejemplo: Platiqué **con** la señora. Es una actriz famosa.
La señora **con quien** platiqué es una actriz famosa.

1. Me quejé con ese señor. Es el encargado.
2. Hablaban de los niños. Son hijos de Ana Luisa.
3. Preguntaron por la doctora. No está aquí.
4. Estuvimos observando a esos muchachos. Son muy flojos.
5. Se reían de esos empleados. Están borrachos.
6. Hablan mucho de la secretaria. Trabaja muy bien.
7. Saludaron a los señores. Son mis abuelos.
8. Estuve platicando con un muchacho. Es holandés.
9. Brindaron por sus parientes. Viven en Puebla.
10. Nos quejamos del maestro. No viene casi nunca.

Comí en un lugar **donde** sirven un mole riquísimo.

Fueron a un pueblo **donde** hay muchas artesanías.

Nos quedamos en el hotel **donde** estaban tus primos.

14.4. DONDE (relativo)

Se usa cuando el antecedente expresa lugar:

La casa **donde** viven es muy antigua.

También puede ir precedido por una preposición:

La librería **en donde** compra los libros es muy grande.

IX. Cambia como en el ejemplo.

Ejemplo: Comieron **en** la cafetería.
         La cafetería **en donde** comieron no es muy buena.

1. Ayer fui al mercado.
2. Comieron en un restaurante.
3. Se quedaron en el hotel.
4. Estuvimos en un pueblito.
5. Vivo en un departamento.
6. Lo compró en una boutique.
7. Trabajan en una fábrica.
8. Vamos a la oficina.
9. Hubo un problema en un banco.
10. Hicieron la fiesta en el patio.

X. Forma una oración.

Ejemplo: Estuvimos **en** ese hotel. Es muy agradable.
         El hotel **en donde** estuvimos es muy agradable.

1. Trabajo en una escuela. Es muy grande.
2. Fueron a una tienda. Es muy elegante.
3. Vimos las piezas en el museo. Es una joya.
4. Conocimos a Jorge en una reunión. Estuvo muy alegre.
5. Buscan empleados en la oficina. Está en el centro.
6. Fuimos a la playa. Está llena de palmeras.
7. Nací en esa casa. Es muy vieja.
8. Capturaron al hombre en la calle. Estaba llena de gente.
9. Se quedaron en un pueblito. Es tranquilo y agradable.
10. Estudiamos en la universidad. Es muy famosa.

XI. Completa. Usa *que, quien, quienes, donde*.

Recuerda las preposiciones.

1. Estuve platicando con una señora muy agradable.

   La señora _____ estuve platicando es tía de Margarita.

2. ¿Te gustaron los discos _____ trajo Manuel?

3. Estudié en esa universidad.

   La universidad _____ estudié es muy buena.

4. Se estuvieron quejando de los empleados.

   Los empleados _____ se estuvieron quejando no trabajan en la Facultad.

5. El mes pasado fuimos a la playa.

   En la playa _____ fuimos, el agua es clara y limpia.

6. Conocimos a un primo de Manuel.

   El muchacho _____ conocimos sabe mucho de costumbres latinoamericanas.

7. Preguntaban por el doctor López.

   El doctor _____ preguntaban no viene en las tardes.

8. Están buscando el paraguas.

   El paraguas _____ están buscando está en el coche.

9. Encontraron el libro en la biblioteca.

   La biblioteca _____ encontraron el libro está en el centro.

10. Se estuvieron riendo de esa señora.

    La señora _____ se estuvieron riendo está bastante enojada.

11. Vine con unos estudiantes.

    Los muchachos _____ vine regresan mañana a su país.

12. Hablan de la fiesta.

    La fiesta _____ hablan fue en casa de Ana Luisa.

¿Por qué no hay luz?
Es que está lloviendo mucho.

¿Están enojados?
No, **es que** estamos un poco enfermos.

Estuviste contento, ¿verdad?
Sí, **es que** conocí a una muchacha muy interesante.

14.5. ES QUE...

Introduce una oración en la que se esclarece o asegura cuál es la verdadera situación.	Es que =	la realidad es... la verdad es...

XII. Contesta. Usa *es que*.

Ejemplo: ¿Por qué está enfermo el bebé?
        Es que tomó leche descompuesta.

1. ¿Te sientes mal?
2. ¿Por qué no vino usted ayer?
3. ¿Le molestó mi opinión a Tere?
4. ¿Está usted enfermo?
5. ¿No te gustó la fiesta?
6. Regresaron muy temprano, ¿verdad?
7. ¿Por qué está enojado Carlos?
8. ¿Están ustedes cansados?
9. No compraste el coche, ¿verdad?
10. ¿Por qué no fueron a la conferencia?

Roberto **dejó de fumar** hace dos años.

Dejé de estudiar piano hace mucho.

El año pasado **dejaron de pintar**.

Hace dos años que **dejé de trabajar** allí.

¿**Dejaste de ir** a esas reuniones?

14.6. DEJAR DE + INFINITIVO

Indica el final de una acción.	Dejé de ir al club hace mucho.

XIII. Forma dos oraciones. Usa _dejar de + infinitivo_.

Ejemplo: Luis fumaba mucho. No fuma hace tres meses.
Luis dejó de fumar hace tres meses.
Hace tres meses que Luis dejó de fumar.

> **Recuerda:**
>
> No voy **hace** mucho.
>
> o
>
> **Hace** mucho **que** no voy.

1. Estudié francés. No lo estudio hace un año.
2. Compraban en ese mercado. No compran allí hace mucho.
3. Hacía mucho ejercicio. No hago ejercicio hace dos meses.
4. Ellos daban clases de inglés. No las dan hace poco.
5. Rosa nadaba todos los días. No nada hace varios meses.
6. Antes leía novelas de misterio. No las leo hace mucho.
7. Visitábamos a Teresa. No la visitamos hace tiempo.
8. Jorge tomaba mucho. No toma hace varios meses.
9. Usábamos ese jabón. No lo usamos hace tres semanas.
10. Luis cantaba cuando era joven. No canta hace unos años.

CONVERSACIÓN

XIV. Lee.

Las familias mexicanas son muy unidas y muy grandes. El número de hijos varía mucho en la ciudad, en la provincia y en el campo; pero en general, no son menos de cuatro. En el campo pueden llegar hasta doce o quince.

Todas las actitudes tienen una raíz histórica. ¿Por qué existe el sentido de unidad en las familias mexicanas? La respuesta la encontramos en nuestro origen español. De ellos nos viene la costumbre de trabajar en familia, sobre todo en el campo. Pero, incluso, en las ciudades en donde no hay industria grande, se organizan pequeñas industrias en las casas. Consecuentemente, la relación entre padres e hijos es muy fuerte. Si tienen una tienda, una zapatería, una pequeña industria, todos trabajan allí: el abuelo, los tíos, los hijos y los nietos.

En los países desarrollados, Estados Unidos, por ejemplo, la industrialización ha sido muy rápida. La gente, por su trabajo, se tiene que ir de un lugar a otro con frecuencia y se pierde el contacto cercano con la familia.

En las zonas rurales de México, un hijo se considera casi como una inversión. En el futuro será un ayudante en los trabajos del campo. La ignorancia hace que los campesinos no consideren la posibilidad de controlar el crecimiento de la familia.

En las ciudades las familias son menos numerosas porque las condiciones de vida son muy diferentes.

El crecimiento de la población ha sido muy grande en los últimos años. En 1950 había en México 26 millones de habitantes. En 1975 había 60 millones, aproximadamente. Y en el año 2000 más de 100 millones.

XV. Contesta.

1. ¿Son muy grandes las familias mexicanas?
2. ¿Son muy grandes en tu país?
3. ¿Por qué son tan unidas las familias?
4. ¿Cómo trabajan en las pequeñas industrias?
5. ¿Cómo consideran al hijo en las zonas rurales?
6. ¿Son ignorantes los campesinos?
7. ¿Hay problemas de población en México?
8. ¿Cuántos habitantes había en 1950?
9. ¿Y en 1975?
10. ¿Cuántos habitantes hay en tu país?
11. ¿Cuántas personas hay en tu familia?
12. ¿Cuántos hijos piensas tener?

LECCIÓN 15

—Cada día que pasa estoy más seguro de la gran relación que hay entre la lengua y la cultura.
—¿Por qué lo dices?
—Porque cuando veo o aprendo algo nuevo sobre la cultura o el pensamiento de ustedes, aprendo algo más sobre la lengua también. Por ejemplo, todo esto de la familia y de las costumbres que me interesa tanto, me ayuda a entender mejor la lengua. He estado pensando mucho en los indígenas. ¿Cómo viven? ¿Se puede visitar las comunidades? ¿Hablan español?
—Oye, David, quieres saber todo al mismo tiempo. Mira, hay muchos libros sobre las culturas indígenas. Creo que puedes conseguir algunos y leer cosas interesantes.
—¿Tú has leído mucho?
—Algo. Últimamente he estado leyendo un libro muy interesante. Es de Francisco Rojas González y tiene un cuento precioso acerca de una boda indígena. Se llama "Los novios". Deberías leerlo.
—Sí, claro que sí.

¿Qué le pasa al perro?
Quién sabe. Ha **estado gruñendo** toda la noche.

¿Están muy cansados?
Claro, **hemos estado cortando** leña toda la mañana.

¿Estuviste sentado toda la tarde?
No, **he andado buscando** un bastón que perdí.

¿Qué han estado haciendo?
Hemos estado observando al alfarero.

¿Por qué estás enojado con Juanito?
Porque **ha estado escondiendo** nuestros lápices.

15.1. ANTEPRESENTE + GERUNDIO

> El gerundio le agrega al antepresente una idea de continuidad o de repetición.

He visitado un pueblito precioso.
He estado visitando unos pueblitos preciosos.

I. Cambia como en el ejemplo.

Ejemplo: **He buscado** mi bastón.
    He estado buscando mi bastón.

1. Hemos leído varios libros sobre los indígenas.
2. Han escondido los regalos.
3. ¿Has cortado leña?
4. He observado las costumbres de los indios.
5. Han leído esos cuentos.
6. Hemos arreglado el departamento.
7. Han visitado comunidades indígenas.
8. Hemos colaborado con los empleados.
9. ¿Has observado la etiqueta indígena?
10. Han preparado la comida para la boda.

II. Contesta.

Ejemplo: **¿Han hablado** por teléfono?
    Sí, **han estado hablando** toda la tarde.

1. ¿Ha llamado Ana Luisa?
2. ¿Han preguntado por Jorge?
3. ¿Has leído mucho?
4. ¿Han visto las fotografías?
5. ¿Han jugado los niños?
6. ¿Has estudiado mucho?
7. ¿Ha tocado la guitarra Luis?
8. ¿Han visitado las comunidades?
9. ¿Has buscado tu bastón?
10. ¿Han recibido cartas?

El alfarero ha pintado **un cántaro**.
Lo ha pintado.

> El alfarero ha estado pintando un cántaro.
> **Lo** ha estado pintando.
> Ha estado pintándo**lo**.

Hemos traído **flores para María**.
Se las hemos traído.

> Hemos estado trayendo **flores para María**.
> **Se las** hemos estado trayendo.
> Hemos estado trayéndo**selas**.

Han construido **unos jacales**.
Los han construido.

> Han estado construyendo **unos jacales**.
> **Los** han estado construyendo.
> Han estado construyéndo**los**.

Les ha sonreído* a los niños.
Les ha sonreído.

> **Les** ha estado sonriendo a los niños.
> **Les** ha estado sonriendo.
> Ha estado sonriéndo**les**.

---

* Verbo irregular.

15.2. ANTEPRESENTE + GERUNDIO (posición de pronombres)

Recuerda:

El gerundio se forma:

cant - ando

com
            + iendo
viv

Cuando la forma **antepresente + gerundio** lleva un pronombre de objeto directo, de objeto indirecto o reflexivo, el pronombre se coloca **antes** del verbo haber:

Lo he estado llamando.

O **después** del gerundio:

He estado llamándo**lo**.

En este caso, el gerundio y los pronombres forman una sola palabra.

III. Cambia como en el ejemplo.

Ejemplo: **Lo** he estado admirando.
            He estado admirándo**lo**.

Observa:

gerundio + pronombre
lleva acento escrito.

1. Me han estado sonriendo.
2. Lo he estado construyendo.
3. Se han andado escondiendo.
4. Los ha estado besando.
5. Nos hemos estado sintiendo mal.
6. Los han estado viendo.
7. Me he estado pintando las uñas.
8. La hemos estado abrazando.
9. ¿Le has estado sonriendo?
10. Le he estado preguntando.

IV. Cambia como en el ejemplo.

Ejemplo: He estado preguntándo**les**.
       Les he estado preguntando.

1. Hemos estado escondiéndonos.
2. Han estado conservándolo.
3. He seguido preguntándoles.
4. Hemos estado organizándolos.
5. ¿Han andado buscándola?
6. Ha estado imaginándose cosas.
7. Han andado distribuyéndolos.
8. Han estado produciéndolas.
9. ¿Has seguido ayudándolas?
10. He estado sintiéndome mal.

V. Sustituye el objeto directo. Forma dos oraciones.

Ejemplo: Hemos estado observando al alfarero.
       Lo hemos estado observando.
       Hemos estado observándo**lo**.

1. Ha estado construyendo un jacal.
2. Han andado escondiendo los paraguas.
3. Hemos seguido visitando las comunidades.
4. Ha estado llamando a la niña.
5. Han estado consiguiendo las revistas.
6. Hemos estado leyendo cuentos de ese autor.
7. He estado viendo unas fotografías preciosas.
8. Ha estado besando al bebé.
9. Hemos estado buscando esos artículos.
10. Han estado abrazando a los niños.

VI. Contesta. Usa *pronombre de objeto directo* y *de objeto indirecto.*

Ejemplo: ¿Has estado ayudando a Teresa?
　　　　Sí, he estado ayudándo**la**.

1. ¿Has estado buscando el paraguas?
2. ¿Han estado consiguiendo los libros?
3. ¿Has estado llevándole trabajo a Rosa?
4. ¿Han seguido tomando esos cursos?
5. ¿Has andado distribuyendo las medicinas?
6. ¿Han estado contratando empleados?
7. ¿Ha seguido usted tomándole fotografías?
8. ¿Has estado oyendo la grabadora?
9. ¿Has andado escondiéndome mis llaves?
10. ¿Ha estado limpiando los vidrios?

Entran los visitantes **haciendo** caravanas.

El hombre contesta **mintiendo**.

Lo dijo **repitiendo** algo que ya ha dicho.

Bajó la cabeza **escondiendo** su inquietud.

Nos extasiamos **oyendo** el murmullo del río.

Se alejaron **corriendo** por el camino.

Oyendo esa canción, recuerdo a Luis.

Hablando sobre arte, pensé en tu libro.

15.3. EL GERUNDIO

> - El gerundio en español tiene carácter de **adverbio**.
>
> - Se usa para indicar un evento que se efectúa **al mismo tiempo** que la acción del verbo principal. Es decir, hay simultaneidad en el tiempo.

> **Observa:**
>
> Entraron haciendo caravanas.
>
> - **Haciendo** tiene carácter de adverbio.
> - Es el **modo** del verbo entrar. Responde a: ¿cómo entraron?
> - **Hacer caravanas** es un **evento**; es algo que está sucediendo.
> - **Hacer** y **entrar** son dos acciones simultáneas en el tiempo.

En español, no decimos:

Una canasta ~~conteniendo~~ dulces.

Porque **contener** no es un evento. Es un estado estático.

Tampoco decimos:

Las ~~muchachas viviendo~~ aquí.

Nadando ~~es bueno para la~~ salud.

porque no tienen carácter adverbial.

Diríamos:

Una canasta con dulces.
Una canasta que contiene dulces.
Las muchachas que viven aquí.
Nadar es bueno para la salud.
La natación es buena para la salud.

El perro está gruñendo.
Estuve esperándote.
Estábamos descansando.

> **Recuerda:**
>
> La forma **estar + gerundio** se usa para expresar continuidad de la acción:
>
> > Estoy leyendo.
> > Estuve leyendo.
> > Estaba leyendo.

VII. Sustituye.

A.

Ejemplo: Oyendo ese disco me acuerdo de Carlos.
   (pienso en ella)
   Oyendo ese disco pienso en ella.

1. Regresando a mi casa vi a José Luis.
   (tuve un accidente) (pasé por los niños)
   (me empezó el dolor) (encontré a tus suegros)
2. Viendo la televisión no podemos trabajar.
   (es difícil escribir) (supimos del accidente)
   (empezó el problema) (oímos el ruido)
3. Hablando con Margarita, recordé el problema.
   (pensé en ti) (discutimos la conferencia)
   (supe la verdad) (entendí la situación)

B.

Ejemplo: Oyéndote platicar recordé a tu hija.
   (viéndote sonreír)
   Viéndote sonreír recordé a tu hija.

1. Entraron los visitantes haciendo mucho ruido.
   (hablando muy fuerte) (saludando amablemente)
   (haciendo caravanas) (riéndose y platicando)
2. Volviendo de la escuela pensé en esto.
   (regresando a la casa) (yendo al centro)
   (viniendo aquí) (saliendo de mi casa)
3. Vimos a unos perros peleándose en el parque.
   (jugando en la calle) (brincando en el jardín)
   (gruñendo muy fuerte) (cuidando a un niño)

VIII. Completa. Usa gerundio o infinitivo.

1. Voy a salir después de _____ (desayunar).

2. _____ (regresar (yo)) de mi casa, vi el choque.

3. Entiendo mejor el problema _____ (oír) al profesor.

4. _____ (llegar) a esa hora es absolutamente imposible.

5. Salieron los muchachos y regresaron sin _____ (arreglar) nada.

6. _____ (hablar) con Luis supe la verdad.

7. Me parece tonto _____ (esperar) tanto tiempo.

8. Escribimos el artículo _____ (intercambiar) nuestras ideas.

9. Creo que es mejor _____ (llevar) impermeable.

10. _____ (tomar) tantas medicinas no es conveniente.

11. _____ (subir) la escalera me lastimé la pierna.

12. Vimos a unos niños _____ (hacer) gimnasia.

IX. Forma una oración.

Ejemplo: Pasé por tu casa. Vi la ambulancia.
Pasando por tu casa, vi la ambulancia.

1. Llegamos a la oficina. Oímos el ruido.
2. Entraron al salón. Supieron sobre el problema.
3. Regresó del cine. Vio el choque.
4. Hablé con ellos. Entendí el artículo.
5. Pregunté a todo el mundo. Supe las direcciones.
6. Caminó por el centro. Encontró a Jorge.
7. Hice gimnasia. Me rompí la pierna.
8. Distribuimos los papeles. Conocimos a tu hijo.
9. Invirtieron en esa industria. Ganaron dinero.
10. Pasé por tu escuela. Vi a tu maestra.

¿Quieres este pan?
No, prefiero **el que** tiene miel.

¡Qué bonita tórtola!
¿Cuál? ¿**La que** está en la jaula?

¿Cuáles sombreros compraron?
Los que vimos en el mercado de artesanías.

¿Cuáles son tus hijas? ¿**Las que** están paradas?
No, **las que** están sentadas.

15.4. EL QUE, LA QUE, LOS QUE, LAS QUE (relativos)

Los que vimos.
La que te gusta.

> El artículo se antepone al relativo
> **que**, cuando no hay antecedente
> expreso.

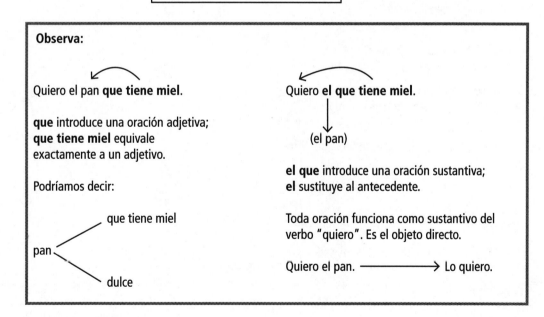

Observa:

Quiero el pan **que tiene miel**.

que introduce una oración adjetiva;
que tiene miel equivale
exactamente a un adjetivo.

Podríamos decir:

pan ⟨ que tiene miel
       dulce

Quiero **el que tiene miel**.

(el pan)

el que introduce una oración sustantiva;
el sustituye al antecedente.

Toda oración funciona como sustantivo del
verbo "quiero". Es el objeto directo.

Quiero el pan. ⟶ Lo quiero.

X. Forma dos oraciones.

Ejemplo: Quiero un cántaro. Tiene flores.
          Quiero **el cántaro que** tiene flores.
          Quiero **el que** tiene flores.

1. Nos gustó el pan. Tenía miel.
2. Compraron unos sombreros. Los vieron en el mercado.
3. Vimos unas palmeras. Estaban llenas de cocos.
4. Ando buscando el paraguas. Lo compré ayer.
5. Necesito los artículos. Los escribió el maestro López.
6. Se enfermó la tórtola. Está en la jaula verde.
7. Saluden a las señoras. Vinieron con Luisa.
8. Comimos los frijoles. Estaban en la cocina.
9. Perdí la boquilla. Me la trajiste de Francia.
10. Comí un platillo típico. Tú me lo sugeriste.

XI. Completa. Usa *el que, la que, los que, las que*.

1. ¿Cuál es tu abrigo?
   _____ está sobre la silla.

2. ¿Son éstas tus fotografías?
   No, las mías son _____ tiene Jorge.

3. ¿Cuáles son tus invitados?
   _____ están sentados allá.

4. Mira ese jacalito.
   ¿Cuál? ¿ _____ tiene muchas flores?

5. ¿Ésta es mi invitación?
   No, la tuya es _____ está en el escritorio.

6. Perdí mi impermeable.
   ¿Cuál? ¿ _____ me gustaba tanto?

7. Hemos observado sus costumbres.
   _____ más me interesan son las de los indígenas.

8. ¿Cuáles son los hijos de Rosa?
   Son _____ están parados cerca de la oficina.

9. Hablábamos de tradiciones.
   Las de estos pueblos son _____ más me interesan.

10. ¿No vieron a mi gato?
    Sí, creo que era _____ estaba jugando en el patio.

Todos oyeron **lo que** dijiste.

Me encantó **lo que** trajeron.

Lo que nos gusta es el ambiente.

Les molestó **lo que** opinaron de su trabajo.

15.5. LO QUE

> Introduce una oración subordinada sustantiva. Se refiere a una idea o a una acción.

XII. Forma una oración.

Ejemplo: Habló de arte. Me interesa mucho.
        Me interesa mucho **lo que** habló.

1. Dijeron cosas interesantes. Les gustó mucho.
2. Llevaron unas fotografías. Nos encantó.
3. Dijeron muchas cosas. A Luis no le interesa.
4. Opinan sobre la situación. Les molesta.
5. Ella lo explicó. Nadie entendió.
6. Leyó un artículo. Nos pareció representativo.
7. Escribió sobre mí. No me interesa.
8. Jorge dijo muchas cosas. Todos oyeron.
9. Contestaron las preguntas. Nadie entendió.
10. Explicó el problema. No oí.

XIII. Contesta.

Ejemplo: ¿Qué piensas de la situación?

Lo que pienso es que el crecimiento de la población es un problema.

1. ¿Qué te interesó de la película?
2. ¿Qué te molesta de Jorge?
3. ¿Qué les gusta de ese pueblo?
4. ¿Qué entendiste del artículo?
5. ¿Qué sabes de la situación?
6. ¿Qué les interesa de la clase?
7. ¿Qué dijeron los estudiantes?
8. ¿Qué opinó el doctor?

> **Recuerda:**
>
> es que...

XIV. Completa. Usa *que, quien, quienes, donde, el que, la que, los que, las que, lo que.*

1. Necesito el libro _____ te presté.

2. ¿Cuál quieres? ¿ _____ tiene flores o el otro?

3. Fuimos a un pueblo _____ hay muchas artesanías.

4. Las personas con _____ estuve platicando son muy agradables.

5. ¿Qué es _____ te gusta de esa casa?

6. Mira, ése es el coche _____ compró Juan.

7. Vinieron los estudiantes americanos, _____ no pudieron venir fueron los mexicanos.

8. El empleado de _____ me quejé, no vino hoy.

9. Estuvimos en el mismo hotel _____ estaban unos franceses muy simpáticos.

10. _____ dijo Jorge no es la verdad.

11. Ésta no es la grabadora. _____ yo quiero es más grande.

12. Allí están los maestros por _____ estabas preguntando.

13. El problema _____ discutíamos es la organización del trabajo.

14. _____ desapruebo es tu actitud.

15. Van a organizar una reunión. Las hermanas de Luis son _____ van a prestar la casa.

16. No entendí _____ dijo José Luis.

CONVERSACIÓN

XV. Lee.

—¿Por qué no leemos un poco, Elena?

—Bueno, un poco, porque estoy cansadísima.

—Podemos leer "Los novios", el cuento del que hablabas.

—¿Todo? Estás loco. Vamos a leer la mitad, ¿sí?

—Bueno.

Los novios

El era de Bachajón. Venía de una familia de alfareros. Era hijo único, pero una inquietud que nacía en su alma, lo alejaba día a día de sus padres.

Hacía tiempo que el murmullo del río lo extasiaba; le encantaba el olor de la miel y cantaba con frecuencia. Un día su padre se dio cuenta. El muchacho no volvió a cantar pero el padre ya era dueño de su secreto.

Ella también era de Bachajón; pequeña, redondita y suave. Día a día, cuando iba por el agua al río, pasaba frente a la casa de Juan Lucas. Allí, sentado, estaba trabajando

un joven con un cántaro redondo. Una mañana chocaron dos miradas. No pasó nada. Sin embargo, desde entonces, ella caminaba más despacio cuando pasaba frente a la casa del alfarero y miraba un poquito hacia allá.

El muchacho dejaba de trabajar un momento, levantaba los ojos y seguía la figura de la muchacha que se iba por el camino.

Una tarde llena de sol el padre —indio tzeltal de Bachajón— siguió con los ojos la mirada de su hijo. Ella, al sentir los ojos del viejo, se quedó como piedra en medio del camino, mientras su cara se volvía roja de vergüenza.

—¿Ésa es?— preguntó el viejo.

—Sí —respondió el muchacho y escondió su desconcierto en su cántaro redondo.

***

El "Principal", indio viejo, oyó atentamente a Juan Lucas:

—El hombre joven, como el viejo, necesita una compañera, que para uno es flor perfumada y para otro es bastón. Mi hijo ya ha escogido una.

—Vamos a cumplir la ley de Dios. El muchacho debe ser feliz como fuimos tú y yo un día.

—Tú dirás qué hacemos

—Quiero pedir a la niña para mi hijo.

—Ése es mi deber como "Principal".

Juan Lucas y el "Principal" llaman a la puerta frente a la casa de la novia. Juan Lucas lleva varios regalos: un kilo de chocolate, cigarros y leña.

Poco después el ambiente se llena de la etiqueta indígena.

Después de intercambiar frases convencionales, se abre la puertecita. Gruñe un perro. Entran los visitantes con el sombrero en la mano, haciendo caravanas a todo el mundo. Al fondo del jacal, la niña hace tortillas. Su cara está roja por el fuego y por la inquietud. Parece tórtola en su jaula. Pero después se calma ante el destino que están arreglando los viejos.

Cerca de la puerta, su padre, Mateo Bautista, mira impenetrable a los visitantes. Bibiana Petra, la madre, gorda y saludable, está muy contenta y ofrece a los visitantes dos piedras para sentarse.

—¿Sabes a qué venimos?— pregunta por fórmula el "Principal".

—No— contesta mintiendo Mateo Bautista. Pero de todos modos mi pobre casa está alegre con su visita.

—Pues, nuestro vecino Juan Lucas, quiere pedir a tu niña para su hijo.

—Mi buen vecino Juan Lucas debe saber que mi muchachita es floja, terca y tonta. Es morenita y chata. No es nada bonita... No sé, en verdad, qué le han visto.

—Yo tampoco —dice Juan Lucas— he tenido inteligencia para hacer gran cosa de mi hijo. Es una tontería querer cortar para él una florecita tan fresca y olorosa. Pero al pobre se le ha calentado la cabeza...

En un rincón, Bibiana Petra sonríe; habrá boda. Lo sabe por la fuerza con que los padres tratan de desprestigiar a sus hijos.

—No, no. Los jóvenes, guiados con prudencia, son buenos —dice el "Principal"—, repitiendo algo que ha dicho muchas veces en situaciones iguales.

La niña, sobre el metate, oye. Ella es la pieza principal en este juego y, sin embargo, no tiene ni siquiera derecho de mirar frente a frente a los padres.

—Mira, vecino y buen amigo —agrega Juan Lucas—, acepta estos regalos que te ofrezco.

Mateo Bautista contesta como lo ordena la etiqueta.

—No es de buena educación aceptar regalos que nos ofrecen por primera vez. Tú lo sabes... Vayan con Dios.

Los visitantes se despiden. El dueño de la casa besa la mano del "Principal" y abraza con cariño a su vecino. Salen con los regalos que la exigente etiqueta tzeltal impidió aceptar.

La vieja Bibiana Petra está feliz. El primer acto salió de maravilla. La muchacha sigue haciendo las tortillas.

XVI. Contesta.

1. ¿Cómo se llama el cuento? ¿Y el autor?
2. ¿Te interesan las costumbres indígenas?
3. ¿De dónde eran los novios?
4. ¿Cómo supo el padre cuál era la muchacha?
5. ¿Habló mucho con su hijo?
6. ¿Quién era el "Principal"?
7. ¿Por qué habló el padre con él?
8. ¿A dónde fueron Juan Lucas y el "Principal"?
9. ¿Es muy estricta la etiqueta indígena?
10. ¿Qué dicen los padres de sus hijos?
11. ¿Cómo está la madre de la novia?
12. ¿Qué regalos lleva Juan Lucas?
13. ¿Por qué no los acepta Mateo Bautista?
14. ¿Qué hace la muchacha todo el tiempo?
15. ¿Te parece interesante el cuento?

—Hoy vamos a leer el resto del cuento, ¿verdad?

—Sí, claro, en la noche. Es interesante, ¿no?

—Sí, mucho. Me gustaría saber si la información es exacta o si es fantasía del autor.

—Es absolutamente exacta. El autor, Francisco Rojas González, era un antropólogo famoso. Estudió sociología y etnografía. Era un gran observador. Su obra literaria es el resultado de la observación, no sólo de un escritor, sino de un científico.

¿Cómo logró obtener todos estos detalles?

—Estuvo en contacto directo con los grupos indígenas. Volvió algún tiempo en sus comunidades. Por eso en su obra literaria refleja perfectamente la vida y costumbre del indio mexicano y de los campesinos.

—¿Es un autor contemporáneo?

—Sí, nació en 1904 y murió en 1951. ¿Nunca habías oído hablar de él?

—Nunca. Pero ahora que lo conozco, voy a leer otros de sus cuentos.

¿Ya se **había acabado** la comida cuando llegaste?
Sí, ya se **había acabado**.

¿Nunca habías leído nada de ese autor?
No, nunca. **Había leído** de otros.

¿**Habías oído** música latinoamericana antes de venir?
Sí, **había oído** algunos discos.

¿**Había** usted **sentido** antes ese dolor?
No, creo que no.

¿Ya **habían rentado** el cuarto cuando llamaron?
No, todavía no lo **habían rentado**.

16.1. EL ANTECOPRETÉRITO

Expresa una acción anterior a otra acción también pasada:

Cuando llegué ya habían comido.
(**comer** es anterior a **llegar**)

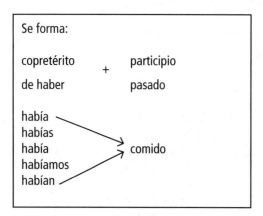

Se forma:

copretérito   +   participio
de haber   pasado

había
habías
había   comido
habíamos
habían

Es frecuente omitir el verbo en pasado:

¿No lo habías leído?

Por el contexto o la situación se
sobreentiende "antes de ahora", "cuando te
hablé de él", etcétera.

I. Cambia como en el ejemplo.

Ejemplo: **Cree** que todavía no **he venido**.
        Creyó que todavía no **había venido**.

1. Pienso que ya han regresado de Cuernavaca.
2. Saben que no he asistido a la conferencia.
3. Creen que no han rentado el departamento.
4. Opinan que has analizado bien el problema.
5. Supongo que no han leído obras literarias.
6. Dice que el autor ha vivido con los indígenas.
7. Piensan que el doctor no ha llegado todavía.
8. Me imagino que no ha traído el resto del trabajo.
9. Opinan que ha reflejado perfectamente sus costumbres.
10. Dice que ya ha sentido este dolor antes.

II. Forma una oración.

Ejemplo: Margarita compró un huipil. Ella lo dijo.
        Margarita **dijo que había comprado** un huipil.

1. El bebé estuvo muy enfermo. La mamá nos contó.
2. Ha habido muchos problemas. Margarita lo aceptó.
3. Vinieron unos científicos alemanes. Avisaron en la oficina.
4. Ese autor ha vivido con los campesinos. Lo supe ayer.
5. Juan regresó muy borracho. Teresa me lo contó.
6. Hay vida en otros planetas. Un científico lo descubrió.
7. Rompieron unos vidrios. La muchacha se dio cuenta.
8. El maestro chocó ayer. Hoy nos lo explicó.
9. Hubo un accidente. La señora les avisó a los niños.
10. Vieron un eclipse. Los muchachos nos contaron.

III. Contesta. Usa *el antecopretérito.*

Ejemplo: ¿Qué contestó el doctor?
    Que ya había hablado por teléfono.

1. ¿Qué avisaron los empleados?
2. ¿Qué pensó tu suegro?
3. ¿Qué opinaste sobre la situación?
4. ¿Qué contestaron en la oficina?
5. ¿Qué te dijeron en el banco?
6. ¿Qué creyeron los estudiantes?
7. ¿Qué opinó el doctor?
8. ¿Qué descubrieron los científicos?
9. ¿Qué te contó José Luis?
10. ¿Qué te contestó Laura?

> **Observa:**
>
> (contestó) Que ya había hablado.
>
> El verbo **contestar** está en el contexto.

IV. Completa. Usa *antepresente* o *antecopretérito.*

1. Creen que Juan no _____ (venir).

2. Supimos que _____ (llamar) (ustedes) por teléfono anoche.

3. Me doy cuenta de que ya _____ (acabar) ustedes el trabajo.

4. ¿Ya _____ (regresar) Elsa cuando llegaste?

5. Pensé que no _____ (leer) (tú) el artículo.

6. Ese autor no _____ (escribir) nada últimamente.

7. ¿No _____ (ver) (tú) a Jorge cuando te hablé?

8. Ya eran las nueve y los niños no _____ (llegar).

9. ¿Todavía no _____ (servir) (ustedes) la comida? Ya son las tres.

10. Cuando llamé ya _____ (rentar) el departamento.

Queríamos comprar un huipil pero no lo **encontramos**.

No sé qué **pasó. Pensaban venir**.

El corderito **obedecía*** cuando lo **llamaban**.

Siempre **se arrodillaban** mientras **rezaban**.

Abrazaba a la muchacha cuando los **vio** Carlos.

Se acercaba tímidamente cuando **oyó** el ruido.

Abría la ventana pero me **llamó** Jorge.

Salíamos pero **sonó** el teléfono.

16.2. PRETÉRITO - COPRETÉRITO

Cambio de opinión:

La **intención** de realizar una acción se expresa con el **copretérito**.

Queríamos comprar un huipil.

La razón por la cual no realizamos esa acción puede expresarse con un verbo en **pretérito**, en **copretérito** o en **presente**.

pero no lo **encontramos**.
pero no **había**.
pero no **tenemos** dinero.

Acciones simultáneas:

En el **pasado** estas acciones se expresan con el **copretérito**.

El cordero **obedecía** cuando lo **llamaban**.

---

* Verbo irregular.

Acción continua:

En el pasado se expresa con el **copretérito**.

Abrazaba a la muchacha

Si otra **acción interrumpe** la continuidad, se expresa con el **pretérito**.

cuando los **vio** Carlos.

Abría la ventana

Acción inacabada:

Se expresa con el **copretérito**.

pero me llamó Jorge.

Si hay una **causa** que impidió terminar la acción, esta causa se expresa con el **pretérito**.

Recuerda:

El pretérito y el copretérito son dos formas de ver un evento en el pasado.

El pretérito se usa para una acción perfecta, terminada.

El copretérito para una acción imperfecta, continua.

Atención:

En la oración subordinada es frecuente colocar el sujeto después del verbo.

Distribuía los papeles cuando

~~la luz se fue.~~

se fue la luz.

Estaban en la cocina cuando

~~los invitados llegaron.~~

llegaron los invitados.

V. Sustituye.

A. Cambio de opinión

Ejemplo: Pensaban ir pero no terminaron el trabajo.
          (se sintieron mal)
          Pensaban ir pero se sintieron mal.

1. Me encantaba ir a ese lugar hasta que vi el accidente.
   (me enfermé allí) (me di cuenta del problema)
   (hubo un crimen) (empezó la industrialización)
2. Fumaban mucho hasta que leyeron ese artículo.
   (oyeron la opinión del doctor) (se sintieron enfermos)
   (hablaron con el especialista) (lo supo su mamá)
3. Intentábamos escribir pero no pudimos.
   (había mucho ruido) (estuvieron tocando la guitarra)
   (estábamos muy cansados) (se fue la luz)
4. Querían continuar jugando pero se les acabó el dinero.
   (se les perdió la pelota) (vinieron por ellos)
   (tenían que estudiar) (Luis se lastimó una mano)
5. Le interesaba mucho la conferencia pero se fue a Puebla.
   (tuvo que ir a la escuela) (no llegó a tiempo)
   (estuvo enfermo) (no consiguió lugar)

B. Acciones simultáneas

Ejemplo: Buscaba al niño mientras Lupe hablaba por teléfono.
         (le avisaba a la mamá)
         Buscaba al niño mientras Lupe le avisaba a la mamá.

1. Calentaba la sopa mientras mi hija lavaba los platos.
   (ponía la mesa) (recibía a las visitas)
   (limpiaba la cocina) (servía la botana)
2. Las mujeres rezaban cuando tenían problemas.
   (iban a la iglesia) (alguien se moría)
   (estaba enfermo el niño) (había accidentes)
3. Siempre coincidíamos cuando íbamos a la universidad.
   (opinábamos algo) (hablábamos de música)
   (queríamos ir al cine) (escogíamos los regalos)
4. El niño se escondía cuando veía a ese señor.
   (jugaba con el perro) (era hora de comer)
   (no quería bañarse) (se peleaba con su hermana)
5. La abuelita sonreía cuando llegaban los niños.
   (veía a Margarita) (tenía visitas)
   (leía cuentos) (hablaba de sus tiempos)

C. Acción continua

Ejemplo: Distribuían los regalos cuando se fue la luz.
        (llegaron los niños)
        Distribuían los regalos cuando llegaron los niños.

1. Jugaba futbol cuando se rompió una pierna.
   (empezó a llover) (llegaron los otros muchachos)
   (se lastimó el brazo) (pasé por allí)
2. Regresábamos del cine cuando encontramos a Jorge.
   (vimos el accidente) (pasaron los muchachos)
   (oímos el ruido) (se nos acabó la gasolina)
3. Veíamos la televisión cuando entraron corriendo.
   (se cayó el cuadro) (llamó el carpintero)
   (supimos del crimen) (llegaron las flores)
4. Platicaban tranquilamente cuando interrumpió el niño.
   (intervino Ana Luisa) (entraron los perros)
   (oyeron el choque) (empezó el problema)
5. María arreglaba la grabadora cuando la llamé.
   (llegaron los muchachos) (se fue la luz)
   (empezó a llorar el niño) (oyó el ruido)

D. Acción inacabada

Ejemplo: Salía cuando sonó el teléfono.
        (noté que el perro estaba enfermo)
        Salía cuando noté que el perro estaba enfermo.

1. Adornaban la casa cuando se acabaron las flores.
   (se fue la luz) (llegaron los invitados)
   (se sintió mal Carmen) (se rompió el vidrio)
2. El bebé se quejaba mucho cuando lo oímos.
   (llegó la mamá) (lo vieron sus hermanos)
   (hablé por teléfono) (llamaron al doctor)
3. Me peinaba cuando oí gritar a los niños.
   (llamaron por teléfono) (me hablaron de la oficina)
   (supe del accidente) (me empezó el dolor)
4. Borraba el pizarrón cuando entró Teresa.
   (me llamó el maestro) (llegaron los niños)
   (oí el ruido) (entró el electricista)
5. Se alejaba cuando lo llamaron.
   (vio los animales) (encontró a su esposo)
   (le gritamos) (oyó la música)

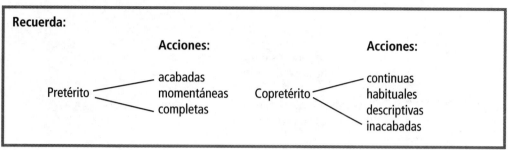

Recuerda:

	Acciones:		**Acciones:**
Pretérito	acabadas momentáneas completas	Copretérito	continuas habituales descriptivas inacabadas

1. Ayer no _____ el maestro de antropología.
   (venir)

2. Nosotros sí _____ ir pero mis papás no nos _____ el coche.
   (querer)   (prestar)

3. Mientras yo _____ en máquina la floja de Tere ___ la televisión.
   (escribir)   (ver)

4. Los empleados ____ descansando tranquilamente cuando ___ el ruido.
   (estar)   (oír)

5. El niño _____ . Consecuentemente, no _____ ir al ballet anoche.
   (enfermarse)   (poder) (nosotros)

6. _____ las luces cuando _____ que la grabadora no ___ en su lugar.
   (apagar) (yo)   (notar)   (estar)

7. Antes nosotras _____ reuniones con mucha frecuencia.
   (organizar)

8. El perro sólo _____ si Juanito lo _____ .
   (obedecer)   (llamar)

9. Antes el doctor _____ en ese hospital.
   (trabajar)

10. La enfermera _____ allí unos años.
    (trabajar)

11. Cada vez que _____ de leer, _____ el teléfono.
    (tratar) (yo)   (sonar)

12. Siempre que _____ ir en bicicleta, _____ .
    (querer) (nosotros)   (llover)

13. El bebé _____ de risa siempre que ___ al gatito.
    (morirse)   ver

14. Rojas González _____ en 1904.
    (nacer)

15. Fuimos a Veracruz. No _____ mucho porque _____ demasiado calor.
    (divertirse)   (hacer)

Se habla portugués **e** inglés.
Vinieron Ignacio **e** Irene.

El examen será en septiembre **u** octubre.
Puedes leer uno **u** otro.

16.3. E - U

Las conjunciones **e** y **u** sustituyen a **y** y **o** cuando la palabra a la que anteceden empieza con **i, hi** o con **o, ho**.

Padres ⨯ hijos
e

Carlos ⨯ Óscar
u

VII. Completa. Usa *y, e, o, u.*

1. Vinieron Javier _____ Margarita.

2. En su obra refleja la vida _____ ideas del indio mexicano.

3. No sé quién llamó. Era Óscar _____ Octavio.

4. Alguien tiene que ayudarme. Tú _____ Luisa.

5. ¿Son madre _____ hija? ¡Parecen hermanas!

6. Hace siete _____ ocho días que regresaron.

7. Es un trabajo inútil _____ innecesario.

8. El hombre es terco _____ exigente.

9. Podemos llevar ésta _____ la otra.

10. Estudiar _____ interpretar la información es tu trabajo.

No tengo **ni** hambre **ni** sed.
No vinieron **ni** Lupe **ni** Rosa.

Ni Raúl **ni** Juan regresaron.
Ni la casa **ni** el departamento me gustaron.

16.4. NI... NI

Es una conjunción que sirve de nexo (igual que **y**) entre dos oraciones, o dos palabras de una oración negativa.

Me gusta el té y el café.
No me gusta **ni** el té **ni** el café.

Ni Juan **ni** Pedro vinieron.
No vinieron **ni** Juan **ni** Pedro.

Como los otros negativos, **ni... ni** pueden ir antes o después del verbo.
Cuando va después se antepone al verbo la partícula **no**.

VIII. Cambia como en el ejemplo.

Ejemplo: **Ni** tequila **ni** ron puedo tomar.
　　　No puedo tomar **ni** tequila **ni** ron.

1. Ni la leche ni la fruta quiere comer el bebé.
2. Ni sociología ni etnografía enseñan en esta escuela.
3. Ni cuentos ni novelas ha escrito. Él es poeta.
4. Ni primitivo ni cosmopolita parece el muchacho.
5. Ni café ni pastel toma la señora.
6. Ni azul ni verde me sirve el papel.
7. Ni chata ni fea me parece la novia.
8. Ni coches ni camionetas venden. Sólo camiones.

CONVERSACIÓN

IX. Lee.

—Bueno, vamos a leer el resto del cuento.

La visita se repite la semana siguiente. En esta ocasión todos deben beber y así lo hacen. Pero la petición no se acepta y los regalos tampoco, a pesar de que han aumentado; ahora hay jabones, azúcar y un saco de sal.

Hablan poco. No son necesarias las palabras frente a la estricta etiqueta.

La niña ya no va por agua al río. Así debe ser. El muchacho continúa trabajando con sus cántaros.

Durante la tercera visita, Mateo Bautista acepta con gran elegancia. Recibe los regalos con indiferencia, a pesar de que han aumentado; ahora hay un chal de lana, un huipil bordado con flores y mariposas de seda, aretes y collar de alambre y un anillo de boda.

Hablan de fechas y de padrinos mientras la niña sigue moliendo* en el metate.

***

El día está cerca. Bibiana Petra y su hija no durmieron en toda la noche. Han venido las vecinas a ver a la novia que personalmente debe moler y preparar cientos de tortillas para la boda. Además, habrá mole y bebidas.

_____
* Verbo irregular.

Esperan la llegada del novio. Ya está aquí. Él y ella se ven por primera vez a corta distancia. La muchacha sonríe tímidamente; él, serio, baja la cabeza.

El "Principal" se para en el centro del jacal. Bibiana Petra pone flores en el piso. Se oye la música, mientras entran los invitados. La pareja se arrodilla. El "Principal" habla de los derechos del hombre y de la sumisión de la mujer; él ordena, ella obedece. A continuación rezan. La novia se para, va hacia su suegro y le besa los pies. Él la levanta con afecto y dignidad y la entrega a su hijo.

Interviene Bibiana Petra.

—Es tu esposa —le dice al novio—puedes llevarla a tu casa.

El novio contesta con la frase ritual.

—Bueno, madre, tú lo quieres...

La pareja sale lenta y humilde. Ella va detrás de él como una cordera.

Bibiana Petra, ya fuera del protocolo, llora y dice:

—Va contenta la muchacha... Hoy es el día más feliz de su vida. Nuestros hombres no saben lo sabroso que es para las mujeres cambiar de metate.

Texto adaptado del cuento "Los novios",
Rojas González Francisco, *El diosero*,
Editorial FCE, México, 1995.

X. Contesta.

1. ¿Quién era Francisco Rojas González?
2. ¿Por qué refleja tan perfectamente las costumbres de los indígenas?
3. ¿Qué te pareció el cuento?
4. ¿Qué pasó en la segunda visita?
5. ¿Y en la tercera?
6. ¿Intervienen personalmente los novios en algún momento?
7. ¿Qué te interesó más del cuento?
8. ¿Hay rasgos parecidos entre esta boda y la boda de provincia?
9. ¿Te gustaría visitar alguna comunidad indígena?
10. ¿Por qué?
11. ¿Nunca habías leído un cuento sobre costumbres indígenas?
12. ¿Has leído algún libro en español?

—Ya que hemos estado hablando de bodas, me interesa saber si aquí en la capital son muy diferentes.

—Sí, sí son. Ojalá puedas ir a alguna y compararla con la de mi prima.

—Como creo que no es probable, me podrás platicar algo.

—Creo que la principal diferencia es que la familia participa menos directamente en los preparativos. Por ejemplo: la iglesia. En el pueblo tú viste cómo las tías y las vecinas la arreglaron y pusieron las flores. Aquí no, aquí todo se contrata en la iglesia. Hasta hay diferentes tarifas. La iglesia cobra un precio diferente si quieres todas las luces o sólo una parte; lo mismo las flores, las alfombras y la música. Es mucho más caro que en la provincia.

—¡Uy!, ojalá no me case aquí. Oye, ¿y la fiesta es también muy diferente?

—Sí, también. Se sirve comida internacional. Se baila música moderna. Creo que en general hay mucha influencia extranjera.

—¡Qué lástima! Ojalá no se pierdan las tradiciones.

—¿Sabes qué podemos hacer?

—¿Qué?

—Leer sobre una boda en el periódico.

Jorge perdió su impermeable.
Ojalá lo encuentre.

Supe que estaba enfermo.
Espero que esté mejor.

Van a ir a Europa.
Deseo que se diviertan.

No vi la película ayer.
Tal vez la vea mañana.

Esa orquesta toca muy mal.
Posiblemente la otra toque mejor.

El champaña está carísimo.
Quizá sea importado.

Que te vaya bien.
Que descansen.
Que pases un buen fin de semana.
Que se diviertan.

17.1. PRESENTE DE SUBJUNTIVO (deseo-duda)

Expresa:

- Duda, acompañado de un adverbio de duda:

    Quizá **llegue** mañana.

- Deseo, acompañado de la palabra **ojalá** o de un verbo de deseo:

    Ojalá **te diviertas**.
    Deseo que **te diviertas**.

Con frecuencia se usa solamente **que** para expresar deseo:

    Que **te diviertas**.

Se forma:

		ar		er - ir
cant	-	e	com	- a
		es	viv	- as
		e		a
		emos		amos
		en		an

Atención:

Verbos irregulares

Diptongación

(divertirse)   divierta

Cambio de vocal

(servir)   sirva

I. Sustituye.

Ejemplo: Ojalá encuentre sus libros.
  (se quede aquí)
  Ojalá se quede aquí.

1. Ojalá lleguen a tiempo.
   (toque esa orquesta) (vayas al extranjero)
   (sirvan champaña) (visites la capital)
2. Espero que no haga frío.
   (no llueva mucho) (regreses a tiempo)
   (se levanten a tiempo) (llegue Tere hoy)
3. Deseamos que tengan buen viaje.
   (se diviertan) (pasen un buen fin de semana)
   (estés mejor) (vuelva pronto Rosa)
4. Tal vez no pueda venir.
   (no tenga dinero) (haya problemas)
   (comparen las dos culturas) (nieve en diciembre)
5. Probablemente no haya clases hoy.
   (vengan sus padres) (acepte el regalo)
   (obedezca a su tía) (regrese con Luis)
6. Quizá regresen mañana.
   (produzcan más frijol) (dejen de molestar)
   (no refleje bien la situación) (no llueva hoy)

II. Cambia. Usa *quizá*.

Ejemplo: **Regresen** mañana.
  Quizá regresen mañana.

1. Hacemos el trabajo.
2. Vienen el viernes.
3. Producen más frijol.
4. Obedece a su tía.
5. Aumentan los sueldos.
6. Continúan las conferencias.
7. Lo consigues en el centro.
8. Dicen el secreto.
9. Viaja en avión.
10. Lo recibimos por correo.

III. Cambia. Usa *ojalá*.

Ejemplo: **No se pierden** las tradiciones.
          Ojalá no se pierdan las tradiciones.

1. No se enferman los niños.
2. Se divierten en la playa.
3. No llueve mucho hoy.
4. Me devuelves los libros.
5. Carlos se siente mejor.
6. Están abiertas las tiendas.
7. Luis tiene suficiente dinero.
8. Se conservan las costumbres.
9. Hace muy buen tiempo.
10. Hay boletos para el teatro.

IV. Cambia. Usa *tal vez*.

Ejemplo: **Está lloviendo** en Veracruz.
          Tal vez esté lloviendo en Veracruz.

1. No refleja bien mis pensamientos.
2. El niño tiene muchas pesadillas.
3. Nieva mucho en su país.
4. Consigo cuatro boletos.
5. No tenemos suficiente dinero.
6. Voy a la conferencia.
7. El muchacho es extranjero.
8. Salimos demasiado tarde.
9. Toca una buena orquesta.
10. Sirven comida internacional.

V. Cambia. Usa *deseamos que*.

Ejemplo: **No hay** problemas.
          Deseamos que no haya problemas.

1. Se divierten en las vacaciones.
2. Estás muy contento.
3. Van pronto a Europa.
4. Te sientes mejor.
5. Carmen es muy feliz.
6. Tienen buena suerte.
7. Se acaban sus problemas.
8. No se enferma otra vez.
9. Terminan pronto el trabajo.
10. Regresan bien tus hijos.

VI. Cambia. Usa *probablemente.*

Ejemplo: **Vienes** a las ocho.
        Probablemente vengas a las ocho.

1. No está descompuesto.
2. La comida está sabrosa.
3. Consigue las jaulas.
4. No es muy exigente.
5. Encuentras tu bastón.
6. No hay demasiadas personas.
7. Tienes buenas oportunidades.
8. No vienen los amigos de Sara.
9. Me devuelves mis anteojos.
10. No gruñe el perro.

VII. Cambia. Usa *que.*

Ejemplo: **Se siente** bien.
        Que se sienta bien.

1. Se divierten.
2. Están mejor.
3. Encuentran el regalo.
4. Te va bien.
5. Descansan mañana.
6. Te sientes mejor.
7. Estás bien.
8. Pasan felices vacaciones.
9. Tienes buen viaje.
10. Se resuelve tu problema.

Al comparar las culturas aprendo mucho.

Me dirijo a todos **al hablar** así.

Al regresar supe la noticia.

El perro gruñó **al ver** a ese señor.

17.2. AL + INFINITIVO

El infinitivo precedido de **al** expresa una acción simultánea a otra en el presente, en el pasado o en el futuro.

Al pasar los veo.
(Siempre que paso...)
Al pasar los vi.
(Cuando pasé...)
Al pasar los veré.
(Cuando pase...)

VIII. Cambia. Usa *al + infinitivo.*

Ejemplo: Cuando regresé, vi a Teresa.
    Al regresar vi a Teresa.

1. Cuando llego a mi casa, oigo las noticias.
2. Veo a los muchachos cuando paso por allí.
3. Cuando hablo contigo, me doy cuenta de la situación.
4. Cuando salía del banco, vi a ese hombre.
5. Me dio miedo cuando oí ese ruido.
6. Recuerdo a Juan cuando oigo ese disco.
7. La maestra preguntó por todos cuando llegó.
8. Me da sueño cuando tomo una copa.
9. Cuando conocí a Luis, me enamoré de él.
10. Cuando empezaron las clases, supe la noticia.

Al llevarlo...
Al preguntarle...
Al traérselo...
Al bañarse...

Atención:

Los pronombres de objeto directo, objeto indirecto y reflexivos forman una sola palabra con el infinitivo.

IX. Forma una oración.

Ejemplo: Cuando me acostaba, sonó el teléfono.
    Al acostarme sonó el teléfono.

1. Cuando me dirigía al banco, vi el accidente.
2. Lo rompí cuando lo lavaba.
3. Cuando se cayó, se rompió el brazo.
4. Se enojó mucho cuando le pregunté.
5. Lo supe cuando lo dijo Jorge.
6. Se cayó cuando se bañaba.
7. Oyeron el ruido cuando se despertaron.
8. Cuando la vi, me enamoré de ella.
9. Se enojó cuando lo supo.
10. Cuando nos despedíamos, empezó a llover.

¿Por qué está fría mi sopa?
Se te enfrió porque la serví hace rato.

Huele* a quemado, ¿verdad?
Sí, al mesero **se le quemó** la carne.

¿Qué les pasa a los muchachos?
Es que **se les olvidó** el ramo de flores.

¿Hubo un accidente en el aeropuerto?
No, el avión **se les descompuso*** antes de salir.

17.3. SE (acciones no planeadas)

La partícula **se** se usa para indicar acciones accidentales, no planeadas, no deliberadas.

Rosa cerró el libro.

[Rosa (sujeto) cerró el libro en forma deliberada.]

Generalmente se usa un pronombre de objeto indirecto para señalar quien recibe indirectamente la acción del verbo.

A Rosa se le cerró el libro.

[El libro (sujeto) se cerró accidentalmente. Rosa es el objeto indirecto.]

---

* Verbo irregular.

X. Sustituye el objeto indirecto.

Ejemplo: **Se me rompió** el vaso.
(a Luis)
A Luis **se le rompió** el vaso.

1. Se nos descompuso la grabadora.
   (a ellos) (a ti) (a usted)
   (a Luisa) (a mí) (a los muchachos)
2. A Elena se le perdieron los aretes.
   (a mí) (a nosotras) (a Bertha)
   (a las niñas) (a ti) (a Rosa)
3. Se les fue el avión porque llegaron tarde.
   (a nosotros) (a Jaime) (a ti)
   (a usted) (a mí) (a Margarita)
4. Se te está enfriando el café.
   (a usted) (a Carlos) (a tu amiga)
   (a ti) (a mí) (a nosotros)
5. Se me pintó la ropa con la silla.
   (a las niñas) (a Elsa) (a nosotros)
   (al mesero) (a ti) (a usted)

XI. Sustituye el sujeto.

Ejemplo: **Se me rompió** el lápiz.
(los lápices)
Se me rompieron los lápices.

1. A los niños se les cayeron los vasos.
   (el plato) (los ceniceros) (el ramo)
   (las botellas) (el bastón) (las tazas)
2. ¿Se te olvidó el reloj?
   (los cuadernos) (la carta) (las llaves)
   (el anillo) (los aretes) (el collar)
3. Se nos rompió la taza.
   (los cántaros) (el bastón) (las botellas)
   (los platos) (los vasos) (el vidrio)
4. Se les descompuso el radio.
   (la grabadora) (los relojes) (la cámara)
   (las máquinas) (el coche) (los radios)
5. Ya se me acabó el dinero.
   (los cigarros) (el tiempo) (las ganas)
   (el vino) (los zapatos) (el café)

XII. Cambia como en el ejemplo.

Ejemplo: **María quemó** unos papeles.
        A María se le quemaron unos papeles.

1. Los niños descompusieron el tocadiscos.
2. La señora rompió un florero.
3. Los muchachos cerraron la puerta.
4. Perdí mi bolsa y mi paraguas.
5. Mi tía está enfriando su té.
6. Olvidé las llaves adentro del coche.
7. María Luisa quemó los papeles.
8. Jorge rompió varios discos.
9. Mis hijos descompusieron la grabadora.
10. Perdimos los boletos del cine.

XIII. Cambia como en el ejemplo.

Ejemplo: **Se me descompuso** el coche ayer.
        Descompuse el coche ayer.

1. Se nos pierden las llaves con frecuencia.
2. Siempre se me olvidan mis papeles.
3. A Margarita se le está enfriando el consomé.
4. A los muchachos se les quemaron los papeles.
5. A Tere se le descompusieron los aretes nuevos.
6. Al niño se le rompieron los vasos.
7. A sus hijos se les olvidó la dirección.
8. A Rosa se le quemó la carta.
9. Se me perdió un cuaderno de Luisa.
10. Se nos cerró la puerta de la oficina.

CONVERSACIÓN

XV. Lee.

<h1 style="text-align:center">Gómez Ríos - Alvarado Iriarte</h1>

Vestida con elegancia, Gabriela Gómez Ríos llegó a la iglesia de Nuestra Señora, en donde celebró su matrimonio con el doctor Alfonso Alvarado Iriarte. Recibieron la bendición del padre Javier López Moreno.

Los novios pertenecen a distinguidas familias de nuestra sociedad: la de don Manuel Gómez Padilla y su esposa, y la de don Humberto Alvarado Rodríguez y su esposa.

Para esta ocasión la iglesia estuvo elegantemente adornada con gran cantidad de flores y luces. Un coro de niños acompañó a los felices novios durante la ceremonia.

La novia salió debajo de una lluvia de arroz, para dirigirse al salón "Margaritas", en donde sus padres ofrecieron un espléndido banquete para más de cuatrocientas personas.

Se sirvieron magníficos vinos importados y se brindó con champaña por la felicidad de los novios.

Una conocida orquesta acompañó el banquete que sirvieron más de cuarenta meseros.

La fiesta se interrumpió unos minutos cuando los novios partieron, entre aplausos, su maravilloso pastel de seis pisos.

A continuación, la novia lanzó su ramo de flores a sus amigas solteras.

Ya en la madrugada los novios salieron con dirección al aeropuerto para iniciar su "luna de miel". Su coche había sido arreglado previamente con letreros y latas vacías. ¡Muchas felicidades para Gabriela y Alfonso!

—Qué diferente suena, ¿verdad?

—Sí, mucho. Hasta el lenguaje que emplea el que escribe esto me parece diferente.

—Es que es muy diferente. Mira, a mí esta clase de ceremonias me parece artificial y cursi. Creo que así es el lenguaje también. ¿Notaste las diferencias de que hablábamos?

—Sí, claro. El arroz, el ramo, el tipo de pastel, el menú, la música, las latas en el coche; en fin, muchas cosas que no hubo en la otra boda y no parecen mexicanas.

—Ésta es la influencia de la que hablábamos. Es el resultado del cine, entre otras cosas.

—Oye, gastan mucho dinero en esto, ¿verdad?

—Sí, pienso que demasiado. Las familias hacen un gran esfuerzo económico para hacer esto. No creas que tienen tanto dinero. Pero, es necesario hacerlo por prestigio social. En la capital hay muchas clases sociales diferentes; lo que los unifica es un sentido de formalidad y una gran preocupación social. Seguramente a ti te parece incongruente gastar tanto dinero así. Pero tiene una explicación: lograr más prestigio social puede ayudar a la gente a ascender en la escala social, a conseguir un empleo mejor. Es lo mismo que tener mejor ropa o coche.

—Pero ustedes son diferentes, ustedes no piensan así. Tu papá, por ejemplo, ¿haría una fiesta como ésa?

—No, claro que no. Ya hemos hablado de que hay diferentes tipos de personas y muy variados grupos sociales. Con el término "clase media" se conoce, por lo menos, a seis grupos sociales diferentes.

—Todo esto es interesante. Creo que en Estados Unidos no hay tantas diferencias entre una misma clase social.

—Pienso que no, pero nuestro proceso histórico ha sido muy diferente también.

XV. Contesta.

1. ¿Es diferente esta boda de las otras?
2. ¿Cuál te parece más interesante?
3. ¿Te parece muy internacional esta boda?
4. ¿Qué influencias extranjeras tiene?
5. ¿Cómo son las bodas en tu familia?
6. ¿Qué significa "clase media" en México?
7. ¿Es lo mismo en tu país?
8. ¿Gastarías tú tanto dinero en una fiesta?
9. ¿Qué entiendes por prestigio social?
10. ¿Adónde te gustaría ir de luna de miel?

—Ahora que veo a los mexicanos desde otro punto de vista, recuerdo lo que platicábamos un día de que no se puede generalizar al hablar de un país o de sus habitantes.

—No, claro que no. Mira, mi prima Verónica vivió seis meses en Minnesota cuando tenía doce años. Cuando regresó decía unas cosas sobre los Estados Unidos que todos nos reíamos. Decía, por ejemplo: "En los Estados Unidos no hay ni fruta ni flores; en las escuelas no enseñan español; hay miles de lagos; hay muchísima nieve 'todo el tiempo'; casi no hay tráfico, etcétera". Por supuesto, ella estuvo allí sólo en invierno y en una pequeña ciudad del estado de Minnesota. Como era una niña, no entendía que eso no era Estados Unidos sino un pueblo y en invierno. De todos modos era muy divertido oírla hablar. Unos años después, volvió a Estados Unidos, visitó varios estados y cuando regresó, ella misma se reía de lo que decía antes. Claro que no se puede generalizar.

—No, y tampoco opinar sobre la gente o las costumbres de un país cuando sólo vas de turista. Hay que leer, preocuparse por entender la cultura, observar y tratar de comprender poco a poco. Yo, ahora que veo México y toda

Latinoamérica con otros ojos me pregunto, ¿qué pensará de Estados Unidos un latinoamericano, por ejemplo?
—¡Ah! Yo te puedo decir. Hay un artículo bastante divertido de Jorge Ibargüengoitia. Ibargüengoitia es un escritor mexicano que trata temas muy serios, incluso de la historia de México, en forma de sátira. En este artículo da una visión superficial de sus impresiones sobre la ciudad de Washington. Creo que es más o menos lo que tú quieres saber. Claro que no es muy serio, pero sí refleja, de cierta manera, las impresiones de una persona. Además, es muy divertido. Estoy segura de que te va a gustar.

Quiero que **vayas** a la otra habitación.

Les suplicamos que **escriban** con buena letra.

Sugiero que **sirvas** carne al carbón.

Nos aconsejan que **llevemos** anteojos oscuros.

Está prohibido que **pidan** limosna en la calle.

Me gusta que **prepares** filete asado.

Nos sorprende que **firmes** un papel en blanco.

Te agradezco* que me **arregles** el préstamo.

Me preocupa que el niño **tenga** pesadillas.

Les sorprende que **haya** contrabando.

---

* Verbo irregular.

18.1. PRESENTE DE SUBJUNTIVO (voluntad-emoción)

El subjuntivo se refiere a una acción que el hablante (la persona que habla) considera como **irreal** o **hipotética**.

El hablante presenta la acción sólo como una **posibilidad**. La realización de esa acción no depende de él.

Te ruego que **estudies**.
Te sugiero que **estudies**.
Te aconsejo que **estudies**.

(La acción de **estudiar** es sólo un ruego, una sugerencia o un consejo. **No** se refiere a un hecho real.)

En el caso de los verbos de voluntad y emoción, el hablante desea, prohíbe, agradece, etcétera, que una acción se realice en el presente o en el futuro. Pero la realización es **hipotética**.

Siento que **esté** enfermo.
Nos gusta que **toquen** el piano.
Me alegro de que **pienses** así.

La acción que se introduce con un verbo de emoción, no es exactamente irreal o hipotética.

El subjuntivo se usa para expresar la emoción del hablante ante lo que se dice.

Verbos de emoción	
alegrarse	gustar
celebrar	preocuparse
encantar	sentir
estar contento	sorprender
estar feliz	temer
estar emocionado	tener miedo

Verbos de voluntad	
aconsejar	permitir
advertir*	prohibir
decir	querer
exigir	rogar*
ordenar	sugerir
pedir	suplicar

---

* Verbo irregular.

I. Sustituye.

A. (Verbos de emoción)

Ejemplo: Me alegro de que vengan todos.
        (vayan a Brasil)
        Me alegro de que vayan a Brasil.

1. Celebro que estés bien.
   (emplees bien tu tiempo) (acompañes a Luisa)
   (ya estés mejor) (hagas ese viaje)
2. Está feliz de que regrese su hijo.
   (vengan todos) (estén ustedes aquí)
   (haya fiesta) (vayas a la boda)
3. Nos preocupa que no te sientas bien.
   (se esté muriendo el perro) (llueva tan poco)
   (esté enfermo el niño) (fumes tanto)
4. Temen que haya un accidente.
   (no regreses a tiempo) (haya un choque)
   (olvides el dinero) (se queme la comida)
5. ¿Tienes miedo de que llegue alguien?
   (se enferme el niño) (haya un problema)
   (no regrese a tiempo) (vuelva a venir)
6. Me gusta que pienses así.
   (estudies tanto) (te arregles así)
   (digas la verdad) (seas puntual)

B. (Verbos de voluntad)

Ejemplo: Te aconsejo que lleves vestido largo.
        (no tomes esa medicina)
        Te aconsejo que no tomes esa medicina.

1. Exigen que llevemos el material hoy.
   (regresemos a las cuatro) (vayamos a la oficina)
   (comparemos los dos trabajos) (lleguemos a tiempo)
2. Te prohíben que trabajes aquí.
   (quemes la basura aquí) (firmes esos papeles)
   (compres cigarros de contrabando) (salgas del país)
3. Nos suplican que hablemos en voz baja.
   (no descompongamos el radio) (no hagamos eso)
   (no traigamos perros) (no estemos gritando)
4. No permito que juegues en la cocina.
   (brinquen en los sillones) (quemen eso aquí)
   (pongas tu coche aquí) (te lleves mis libros)

5. Dicen que nos vayamos.
   (lleguemos a las tres) (no aceptemos eso)
   (firmemos estos papeles) (no compremos contrabando)
6. Quiero que compres un saco de carbón.
   (consigas una habitación) (compares las culturas)
   (observes sus actitudes) (digas algo sobre inversiones)

II. Cambia.

A. Usa *me preocupa que*.

Ejemplo: Luis sale muy tarde de su oficina.
   Me preocupa que Luis **salga** muy tarde de su oficina.

1. No regresan mis hijos.
2. No te sientes bien.
3. Llueve mucho en estos días.
4. Mi esposo trabaja demasiado.
5. No participan en clase.
6. El niño tiene muchas pesadillas.
7. Mi amiga descansa.
8. No duermen bien.

B. Usa *no permiten que*.

Ejemplo: Jugamos futbol aquí.
   No permiten que juguemos futbol aquí.

1. Visitamos esas comunidades.
2. Regresan demasiado tarde.
3. Traemos perros.
4. Tocamos las piezas del museo.
5. Entran sin pagar.
6. La secretaria acepta regalos.
7. Participamos en los preparativos.
8. Invitas a todos tus parientes.

C. Usa *estoy feliz de que*.

Ejemplo: Margarita y Juan se casan mañana.
      Estoy feliz de que se casen mañana.

1. Hay mucho sol.
2. Vamos a Cuernavaca.
3. Los chicos regresan a Francia.
4. El bebé se siente mejor.
5. No hay problemas.
6. Vienen todos a la reunión.
7. No hace demasiado calor.
8. Vas a la playa.

D. Usa *El doctor sugiere que*.

Ejemplo: Todos se salen del cuarto.
      El doctor **sugiere que** todos **se salgan** del cuarto.

1. Traen pronto las medicinas.
2. Llamamos una ambulancia.
3. Buscas a la mamá del enfermo.
4. Conseguimos ropa limpia.
5. No haces ruido.
6. Apagan las luces.
7. Piden una enfermera.
8. La familia no está en el cuarto.

III. Cambia. Usa *lástima que*.

Ejemplo: No **pueden** venir.
      Lástima que no **puedan** venir.

1. No quieres tomar las fotografías.
2. No podemos ir con ustedes.
3. Siempre pierdes tu paraguas.
4. No tiene suficiente dinero.
5. No conseguimos el préstamo.
6. Hay mucho contrabando.
7. No sirven champaña.
8. No te gusta el melón.
9. No hay suficiente carbón.
10. No conoces la capital.

IV. Cambia. Usa *qué pena que.*

Ejemplo: Los niños no **están** aquí.
>   **Qué pena que** los niños no **estén** aquí.

1. Margarita se siente mal.
2. No regresas a tiempo.
3. Llueve el día de la boda.
4. El perro se está muriendo.
5. Pierden el tiempo.
6. El coche está descompuesto.
7. No perteneces a este grupo.
8. Se pierden las tradiciones.
9. Desprestigias así a tu país.
10. No coinciden sus opiniones.

Me preocupa que **el niño tenga** pesadillas.
Me preocupa **tener** pesadillas.

Me gusta **que prepares** filete asado.
Me gusta **preparar** filete asado.

Siento mucho **que estés** enfermo.
Siento mucho **estar** enfermo.

18.2. SUBJUNTIVO - INFINITIVO

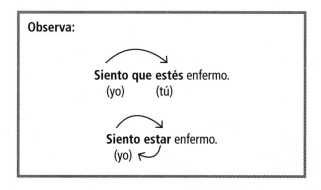

Observa:

Siento que estés enfermo.
(yo)   (tú)

Siento estar enfermo.
(yo)

Cuando el segundo verbo se refiere a la misma persona que habla, se usa un infinitivo.

V. Completa con la forma verbal que corresponda en el presente.

1. El doctor _____ que _____ los papeles.
   (querer)   (llevar) (yo)

2. ¿Les _____ a los niños _____ aquí?
   (gustar)   (jugar)

3. Lástima que _____ tan ocupada.
   (estar) (yo)

4. _____ que tú __ personalmente.
   (querer) (ellos)   (ir)

5. Probablemente _____ mucho este año.
   (nevar)

6. Nos _____ que no _____ el papel en blanco.
   (pedir) (ellos)   (firmar)

7. _____ mucho _____ lo que _____ José Luis.
   (sentir) (yo)   (contradecir)   (afirmar)

8. _____ que no _____ el domingo.
   (esperar) (ellos)   (llover)

9. _____ de que _____ todos.
   (alegrarse) (yo)   (venir)

10. Te _____ que nos _____ tus libros.
    (agradecer) (nosotros)   (prestar)

11. Lástima que no _____ ir a la reunión.
    (poder) (tú)

12. Tal vez _____ mis sobrinas mañana.
    (venir)

13. Ojalá _____ a tiempo para la conferencia.
    (regresar) (ellos)

14. Me preocupa mucho _____ enfermo.
    (estar)

15. Quizá _____ carne asada al carbón.
    (servir) (ellos)

CONVERSACIÓN

VI. Lee.

Carta de Washington

En cada esquina se encuentra uno a un general. A caballo, de sombrero ancho, mirando hacia la Casa Blanca con expresión de cansancio. Todos están hechos de bronce verde.

Washington es una ciudad magnífica, con casi doscientos años de respetabilidad. Los que la fundaron sabían que iba a ser la capital de un país rico y poderoso. Por eso construyeron edificios sólidos, pesados, teniendo siempre como modelo a Roma y a Grecia, y en un caso, por lo menos a Egipto. Abrieron amplias avenidas, plantaron en ellas árboles, construyeron sus residencias imitando todas las arquitecturas del mundo pensando, probablemente, en salir a la calle y pasear tranquilamente, saludando de vez en cuando a sus vecinos.

Desgraciadamente se equivocaron. Muchas de las antiguas casas han sido derribadas para construir edificios; ha habido una invasión de ratas que, dicen los periódicos, han estado tratando de acabar desde hace once años, y en las calles se encuentra uno gente que los que fundaron la ciudad no se imaginaban ni en una pesadilla.

Tampoco se imaginaban las farmacias ni los restaurantes actuales, ni mucho menos, los periódicos, porque claro, estas tres instituciones son manifestaciones de algo que nada tiene que ver con los fundadores. En una farmacia común y corriente encontré cuarenta y siete clases de desodorantes. Para los pies, para los zapatos, para las habitaciones, para las cocinas, etcétera. Todos ellos contenían un ingrediente mágico que los hacía infalibles.

La mayoría de los habitantes de esta ciudad come en restaurantes una, dos o tres veces diarias. Los desayunos son muy sencillos. Si alguien quiere desayunar filete, pescado frito, chilaquiles, o aunque sea, unos hot cakes, está perdido. Nada. Par de huevos, fritos, revueltos o tibios, con algo que no es carne, pero que lo fue, café y jugo sintético de naranja. Al mediodía come cada quien lo que le cabe* en la boca en veinte minutos. Después ya todo es diferente, según los gustos y la cantidad de dinero que cada uno tiene.

La sociedad norteamericana es adoradora del becerro. No del de oro, sino del que viene cortado, refrigerado y, si es posible, asado al carbón.

Decir que en Washington la gente es más fea que en otras ciudades sería una exageración y una mentira. Yo conozco otras ciudades en donde la gente es en general más fea, pero Washington tiene la característica de producir de vez en cuando un feo que deja sin aliento. Son pocos por fortuna, pero se notan más dentro de la uniformidad general. Los encuentra uno al cruzar la calle, por ejemplo, entre otros mil y dan ganas de echar a correr.

---

* Verbo irregular.

Lo mismo pasa con los que hablan solos, o con los que piden limosna. Son mucho menos, pero mucho más notorios que los que hacen lo mismo en México.

La otra noche me encontré con un mendigo que me pareció muy original.

—Voy a pedirle un favor muy especial.

Lo dijo de tal manera que no pensé que me iba a pedir dinero.

—No le voy a contar que necesito dinero para una taza de café, porque no es cierto. Voy a ser franco. Soy alcohólico y necesito beber. Para comprar una copa necesito cuarenta y cinco centavos, si usted puede dármelos se lo agradeceré mucho.

Comprendí su problema, me sentí identificado con él, y decidí hablarle claramente.

—Mire —le dije—, yo también voy a ser franco. Tengo veinte centavos y un dólar. No quiero darle el dólar, ¿aceptaría usted los veinte centavos?

—Yo acepto lo que usted me dé— me dijo.

Cuando le entregué el dinero, él estaba haciendo el favor de aceptar la limosna. Cuando empecé a alejarme, me dijo:

—Preferiría el dólar... Es que después de todo, yo fui franco... Le confesé que era alcohólico.

VII. Contesta.

1. ¿Cómo se llama el artículo?
2. ¿Qué se encuentra uno en cada esquina?
3. ¿Cómo construyeron los edificios?
4. ¿Todavía existen esos edificios?
5. ¿Qué encontró el autor en una farmacia?
6. ¿En dónde come la mayoría de los habitantes?
7. ¿Cómo son los desayunos?
8. ¿Qué comen a mediodía?
9. ¿Es la gente más fea que en otras ciudades?
10. ¿Con quién se encontró el autor una noche?
11. ¿Qué le dijo el mendigo?
12. ¿Qué pasó después?

—¿Es divertido el artículo, David?

—Sí, es chistoso pero es bastante exagerado. Es tan exagerado como lo que decía Verónica de los Estados Unidos. ¿Tú conoces Washington?

—Sí, estuve allí dos semanas cuando vivía en los Estados Unidos.

—¿Qué te pareció?

—A mí me parece una ciudad muy interesante. En Washington vi algunos de los museos más increíbles que he visto en mi vida. A Juan y a mí nos impresionó el Museo de Historia. Es simplemente fabuloso.

—Yo también conozco la ciudad: me gustan los monumentos, los edificios, la Casa Blanca, los parques, el río...

—¡Claro! A mí también. Pero insisto en que lo mejor son los museos. ¿Conoces el museo de los aviones? Es fascinante. Yo regresaría a Washington sólo por verlo otra vez.

Obedezco las señales de tráfico.
No creo que ella las **obedezca**.
Señorita, **obedezca** las señales.

Deshago el paquete.
Me interesa que lo **deshagas**.
Niños, **deshagan** los paquetes.

Pertenezco a ese partido.
Quizá Luis también **pertenezca**.
Señores, **pertenezcan** a este partido.

19.1. VERBOS IRREGULARES (guturización)

Reconozco mi error.
Me gusta que lo **reconozcas**.
No **reconozcas** nada.

Son verbos irregulares

- Presente de indicativo
  (primera persona del singular)
- Presente de subjuntivo
- Imperativo
  (excepto **tú** afirmativo)

También pertenecen a este grupo
los verbos que agregan una **g** en
los mismos tiempos y personas.

Salgo temprano de la oficina.
Quiero que **salgas** temprano.
Salgan ustedes temprano.

Observa:		
Salir		
Presente indicativo	**Presente subjuntivo**	**Imperativo**
salgo	salga	sal
sales	salgas	no salgas
sale	salga	salga
salimos	salgamos	salgamos
salen	salgan	salgan
Conocer		
conozco	conozca	conoce
conoces	conozcas	no conozcas
conoce	conozca	conozca
conocemos	conozcamos	conozcamos
conocen	conozcan	conozcan

Son irregulares por guturización todos los verbos que terminan en -**acer**, -**ecer**, -**ucir**, -**ocer**, excepto **mecer**.

I. **Cambia como en el ejemplo.**

Ejemplo: **Componemos** el coche.
       Compongo el coche.

1. Salimos a ver los monumentos.
2. Detenemos el tráfico.
3. Nos caemos en la escalera.
4. Ponemos el radio en la noche.
5. Oímos las noticias.
6. Deshacemos el paquete.
7. No decimos la verdad.
8. Traemos todos los documentos.
9. Descomponemos la televisión.
10. Venimos en trolebús.

II. Cambia como en el ejemplo.

Ejemplo: No **conocemos** a esas personas.
          No **conozco** a esas personas.

1. No obedecemos los semáforos.
2. No agradecemos el regalo.
3. No parecemos latinoamericanos.
4. No permanecemos en este lugar.
5. No pertenecemos a ese club.
6. No reconocemos a esas personas.
7. No establecemos ninguna regla.
8. No conocemos a los banqueros.
9. No merecemos el castigo.
10. No deducimos nada de su actitud.

III. Cambia al imperativo.

Ejemplo: La señora **sale** por esa puerta.
          Señora, **salga** por esa puerta.

1. El ingeniero compone la grabadora.
2. Los muchachos agradecen la invitación.
3. La señora no se cae en la escalera.
4. Los niños permanecen en su lugar.
5. Elsa no deshace los paquetes.
6. Reproducen esos dibujos.
7. Jorge no trae todos sus discos.
8. No reconocen la verdad.
9. La enfermera detiene a la niña.
10. Producen artesanías originales.

IV. Cambia. Usa *quizá, ojalá, tal vez*.

Ejemplo: Ellos dicen la verdad. (quizá)
          Quizá digan la verdad.

1. No merecen ese castigo. (quizá)
2. Componen la televisión hoy. (ojalá)
3. Reproducen la pintura original. (tal vez)
4. Deshace los paquetes con cuidado. (ojalá)
5. Ellas reconocen la verdad. (ojalá)
6. Oye las clases por radio. (quizá)
7. El mendigo agradece la limosna. (tal vez)
8. Los niños no tienen pesadillas. (ojalá)
9. Producen objetos muy originales. (quizá)
10. La policía detiene al ladrón. (tal vez)

Verónica generalizaba al hablar de Estados Unidos.
Después **ella misma** se reía de lo que decía.

¿Quién te pinta las uñas?
Yo misma me las pinto.

¿Por qué no les crees a los niños?
Porque **ellos mismos** se contradicen.*

¿**Tú mismo** te cortaste la mano?
Sí, estaba tratando de cortar leña.

19.2. MISMO, A, OS, AS (verbos reflexivos)

¿Te pintas el pelo?
(¿Tienes el pelo pintado?
¿Te lo pintas en el salón?)
¿Tú misma te pintas el pelo?
(¿Te lo pintas tú personalmente?)

> Las formas **mismo, a, os, as**
> aclaran o dan énfasis al verbo
> reflexivo.

V. Contesta.

Ejemplo: ¿Quién lastimó al perro?
        Él mismo se lastimó con esas piedras.

1. ¿Quién se reía de sus ideas?
2. ¿Cómo se rompió el brazo Luis?
3. ¿Quién vistió a la niña?
4. ¿Quién te pinta el pelo?
5. ¿Quién despertó al bebé?
6. ¿Quién bañó a Juanito?
7. ¿Quién arregló a la novia para la boda?
8. ¿Quién contradijo al señor López?
9. ¿Quién peina a los niños?
10. ¿Quién te despierta en las mañanas?

---

* Verbo irregular.

¡Claro que están limpios!
Yo los lavé.
Yo misma los lavé.
(yo **personalmente** los lavé)

> **Observa:**
>
> Es frecuente usar **mismo**, **a**, **os**, **as** para dar más fuerza o énfasis a la persona que realiza la acción del verbo.

VI. Forma una oración. Usa *mismo*, *a*, *os*, *as*.

Ejemplo: Piensan que no va a haber champaña.
　　　　Pero yo mismo vi cuando lo compraron.

1. Martha cree que no vino Carlos.
2. Dicen que no hubo música.
3. Piensan que no están limpios.
4. Dicen que no hay filete.
5. Creen que no sabe andar en bicicleta.
6. Jorge dice que no fue.
7. Piensan que no hay vasos rotos.
8. Dicen que el café está frío.
9. Creen que no compramos fruta.
10. Dice que cuesta ochenta pesos.

No quiero el portafolios* **sino** la bolsa.
La bolsa no es bonita **pero** está de moda.

No le preocupa la belleza **sino** la higiene.
Le preocupa la higiene **pero** no la belleza.

No me molestan sus modales **sino** su actitud.
Su actitud me molesta **pero** sus modales no.

No tenemos sólo un par de zapatos **sino** varios.
Tenemos varios pares **pero** todos están viejos.

No nos gusta la carne refrigerada **sino** la fresca.
La carne está refrigerada **pero** está muy buena.

---

*Un portafolios - unos portafolios.

19.3. SINO - PERO

Sino es un nexo que opone dos elementos de una oración. El segundo explica o corrobora el elemento negativo:

No quiero pescado **sino** pollo.

Pero es un nexo de significado restrictivo:

Quería pollo **pero** me sirvieron pescado.

Atención:

Generalmente usamos:

No vino Luis pero vino Jorge.
No vino Luis, sino Jorge.

Pero + oración **con** verbo expreso.

Sino + oración **sin** verbo expreso.

VII. Completa. Usa *sino* o *pero*.

1. No vimos a Carmen _____ a Teresa.

2. Sí quiero vino _____ no puedo tomarlo.

3. No es sólo guapa _____ también agradable e inteligente.

4. No busco el carbón _____ la leña.

5. Es un hombre viejo _____ fuerte y trabajador.

6. No está a la moda _____ es un vestido bonito.

7. No queremos filete _____ pescado.

8. No es un artículo muy serio _____ es divertido.

9. No es tiempo de descansar _____ de trabajar.

10. No estudiamos aquí _____ en casa de Laura.

VIII. Contesta. Usa *sino*.

Ejemplo: ¿Es desagradable Jorge?
No, no es desagradable sino serio.

1. ¿Está muy caliente el consomé?
2. ¿Están sucios tus anteojos?
3. ¿Vinieron tus amigos?
4. ¿Quiere una limosna ese hombre?
5. ¿Es muy fea la casa de Lupe?
6. ¿Está enojado el primo de Luisa?
7. ¿Es superficial el artículo?
8. ¿Necesitas los libros de sociología?
9. ¿Está descompuesto el pescado?
10. ¿Vas a ir al centro?

En cada esquina **se encuentra uno** a un general.

Los turistas que **ve uno** los domingos.

En la calle **se encuentra uno** gente rara.

Salir del pueblo donde **uno nació** e irse.

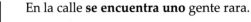

19.4. UNO (forma impersonal)

Se usa **uno** como una forma impersonal.

Me siento identificado con él.
Se siente uno identificado con él.

Cuando el verbo es reflexivo, se conserva la partícula **se** de tercera persona.

IX. Cambia. Usa *uno*.

Ejemplo: En cada esquina **me encuentro** a un general.
En cada esquina **se encuentra** uno a un general.

1. En el rancho nos bañamos con agua fría.
2. Al leer ese artículo, me río todo el tiempo.
3. Te ves muy mal vestida así.
4. Nos bañamos muy rápido en las mañanas.
5. Los domingos te desayunas con mucha calma.
6. Me despierto a medianoche por las pesadillas.
7. Nos vemos muy raros en ese espejo.
8. Cuando la situación es muy formal te pones muy serio.
9. Nos alegramos de oír cosas agradables.
10. Me siento mal cuando hay tantos problemas.

CONVERSACIÓN

X. Lee.

Washington está lleno de "fuereños": los senadores y los representantes, los embajadores de países reales o imaginarios, los aviadores australianos, los banqueros de todo el mundo y los burócratas internacionales. No es necesario oírlos hablar para saber que son "fuereños". Los latinoamericanos, por ejemplo, nos distinguimos por la papada, la tendencia a andar en manada y la incapacidad congénita para entender los mapas. Los hindús por el color, los anteojos, el traje negro y el olor a incienso. Los españoles se conocen por vestirse a la última moda parisina (de hace dos años). Los franceses, por creerse fascinantes, y las francesas por llevar siempre una mano en la frente a causa de la "migraña". Los ingleses porque nadie entiende lo que dicen.

Muchos de estos "fuereños" tienen en común una característica fundamental: viajan con los gastos pagados. Yo creo que nadie ha venido aquí por gusto; en todo caso, por equivocación. Los turistas que ve uno los domingos admirando el monumento a Washington, con anteojos oscuros, camisa sport, cámara y niños, son los mismos señores que el lunes se visten de gris, toman su portafolios y se van a algún ministerio a firmar un contrato o a pedir un préstamo.

Otros "fuereños", de clase muy diferente, son los que viven aquí. Son de dos tipos: los diplomáticos, que se pasan la vida celebrando las fiestas de sus respectivos países, preparando platillos nacionales, haciendo contrabando de bebidas, negando* visas, y esperando pacientemente un conflicto internacional; o bien, las setenta mil secretarias extranjeras que pueden escribir con buena letra y mejor ortografía en todos los idiomas conocidos, desde el español hasta el yoruba.

Una de las ventajas que tiene la educación es lo que los economistas llaman, en su lengua particular, "movilidad social", que es la capacidad de salir del medio original para llegar a otro mejor. La movilidad social se caracteriza por la necesidad de desplazarse. Es decir, la de salir del pueblo donde nació uno e irse adonde nadie lo conoce.

De todas las sociedades del mundo, la que mayor movilidad social tiene es la norteamericana. Por ejemplo, el ochenta por ciento de los habitantes actuales de Florida, no nació en Florida, y lo mismo pasa en California. Aunque los inmigrantes de este país han venido de mil partes, a la segunda o tercera generación se convierten* al norteamericanismo; es decir, en una raza disciplinada, trabajadora, responsable, muy consciente de la higiene, de las fórmulas y los modales sociales.

---

* Verbo irregular.

XI. Contesta.

1. ¿Hay muchos "fuereños" en Washington?
2. ¿En qué se distinguen los latinoamericanos?
3. ¿Y los ingleses?
4. ¿Qué tienen en común esos "fuereños"?
5. ¿De qué clase son los "fuereños" que viven en Washington?
6. ¿Qué es "movilidad social"?
7. ¿Hay mucha en los Estados Unidos? ¿Por qué?
8. ¿Qué dice el artículo sobre los inmigrantes?
9. ¿Cuándo se vuelven norteamericanos?
10. ¿Cómo son los norteamericanos de acuerdo con el autor?

—¿Leíste el artículo?

—No todo. Lo estoy leyendo poco a poco. No es fácil leer en español. Pero leí como la mitad.

—¿Qué te parece?

—Muy chistoso, pero además es interesante ver cómo el autor comenta cosas que a mí también me han llamado la atención, sólo que a la inversa, claro.

—¿Por ejemplo?

—La comida. A mí me llama mucho la atención el tiempo que ustedes emplean en comer; a él, al contrario, el poco tiempo que empleamos. Lo mismo puedo decir de lo que comen. Yo, por ejemplo, no podría desayunar pescado o chilaquiles.

—No seas mentiroso. Yo te he visto desayunar chilaquiles.

—¡Ah, bueno! Pero después de varios meses de estar aquí. Otra cosa muy diferente, que incluso hemos comentado en mi clase de conversación, es la actitud de ustedes durante la comida.

—No te entiendo bien.

—Mira, en la clase tratábamos de analizar, muy en general, las diferencias que hay entre un latino y un sajón, a través de sus actitudes.

—¿Sacaron alguna conclusión?

—Pues sí, en términos generales dijimos que tienen dos actitudes muy diferentes: el sajón aprovecha las cosas y el latino las disfruta. Ibargüengoitia dice que comemos en veinte minutos, ¿verdad? Bueno, pues a nosotros nos llama la atención que ustedes estén dos horas y media en la mesa platicando y no haciendo nada.

—¿Cómo que no haciendo nada? Estamos viviendo la vida, disfrutando la comida y a la gente.

—Ok. Pero para mí* es un poco raro que pierdan tanto tiempo.

—Eso no es perder el tiempo, David.

—Claro que sí.

—Bueno, hombre, no vamos a discutir. ¿Qué más dijeron?

—Sólo eso, que son dos actitudes diferentes frente a la vida. Después un estudiante contó que un día estaba en la cafetería, parado frente al mostrador, comiendo un sándwich y un jugo, cuando pasó una amiga y le dijo: "¿Por qué no te sientas? En este país sólo las gallinas comen paradas". Me pareció muy chistoso.

Es raro que **pierdan** tanto tiempo.
Es seguro que se **reúnen** hoy.

Es conveniente que **abras** con una palanca.
Es cierto que **llevan** pistola y garrote.

Es necesario que **aprietes** el botón.
Es evidente que **se portan** muy mal.

Es extraño que **hagan** esa maniobra de día.
Es claro que no **depositan** las monedas.

Es absurdo que **lleven** esposas y bombas lacrimógenas.
Es indudable que **es** un pueblo subdesarrollado.

---

* Para mí = en mi opinión.

20.1. PRESENTE DE SUBJUNTIVO (expresiones impersonales)

Se usa el **subjuntivo** cuando está subordinado a una expresión impersonal que indica:

Conveniencia:
Es conveniente que vengas.

Necesidad:
Es necesario que vengas.

Extrañeza:
Es raro que vengas.

Se usa el **indicativo** cuando está subordinado a una expresión impersonal que indica:

Seguridad:
Es seguro que viene.

Certeza:
Es cierto que viene.

Evidencia:
Es evidente que viene.

Atención:

Usamos el **subjuntivo** cuando el hablante considera **hipotética** o **insegura** la realización del verbo.

Con el **indicativo** el hablante expresa una acción segura, evidente, cierta. No es hipotética, entonces, no se usa el subjuntivo.

I. Sustituye.

Ejemplo: Es probable que venga María.
 (regresar a tiempo)
 Es probable que regrese a tiempo María.

1. Es raro que Luis sea tan mentiroso.
 (abrir con una palanca) (usar pistola)
 (no depositar la moneda) (comer parado)
2. Es seguro que se van a reunir hoy.
 (aprovechar la conferencia) (disfrutar en la playa)
 (comentar el choque) (prohibir fumar aquí)
3. Es conveniente que derriben esos edificios.
 (dejar de fumar) (aconsejar a Teresa)
 (exigir sus derechos) (tratar de conseguirlo)
4. Es cierto que el licenciado está enfermo.
 (negarse a firmar) (contradecirse a veces)
 (ser senador) (no venir hoy)
5. Es necesario que Jorge niegue todo eso.
 (portarse mejor) (apretar el botón)
 (reunirse con el grupo) (exigir la verdad)
6. Es evidente que no quieren venir.
 (imitar a otras personas) (temer un accidente)
 (aprovechar el tiempo) (comentar el problema)
7. Es extraño que no les guste el frío.
 (pedir limosna en la calle) (derribar esos árboles)
 (no agradecer su amabilidad) (venir todos)
8. Es claro que necesitan otra visa.
 (tener algo en común) (ser norteamericanos)
 (contradecir con frecuencia) (gustarles la carne asada)
9. Es absurdo que ella diga eso.
 (sacar esa conclusión) (siempre venir cansada)
 (ser muy mentirosa) (no estudiar nada)
10. Es indudable que tienen miedo.
 (exigir la verdad) (trabajar en un ministerio)
 (tener buena educación) (haber movilidad social)

II. Completa. Usa *el presente de indicativo o de subjuntivo.*

1. Es increíble que Luis _____ así.
   (portarse)

2. Es evidente que siempre _____ en manada.
   (andar) (ellos)

3. Es indudable que _____ de una exageración.
   (tratarse)

4. Es necesario que _____ sombrero y anteojos oscuros.
   (llevar) (tú)

5. Es extraño que Luis siempre _____ su portafolios.
   (perder)

6. ¿Es seguro que _____ estacionarse en este lugar?
   (permitir)

7. Me parece absurdo que _____ de esa manera.
   (pensar) (tú)

8. Dicen que es raro que _____ tantas mariposas en este tiempo.
   (haber)

9. ¿Es cierto que nunca _____ en este país?
   (nevar)

10. Es muy evidente que el bebé no _____ bien.
    (sentirse)

11. El doctor opina que es extraño que no _____ mejor con esa medicina.
    (estar) (tú)

12. Es indudable que a los muchachos les _____ la carne al carbón.
    (gustar)

III. Completa. Usa *presente de indicativo, de subjuntivo* o *infinitivo.*

1. Dicen que esa señora _____ cerca de aquí.
   (vivir)

2. Nos llama la atención que no _____ esta
   oportunidad.   (aprovechar) (tú)

3. Mis hijos no quieren _____ nada.
   (comentar)

4. Es absurdo que _____ una palanca para abrir.
   (usar) (ellos)

5. Creo que las monedas _____ sobre el mostrador.
   (estar)

6. No es conveniente que los policías _____ garrotes y bombas lacrimógenas.
   (llevar)

7. Sabemos que el olor a quemado le _____ a Teresa.
   (molestar)

8. Es raro _____ tan temprano de clase, ¿no?
   (salir)

9. Espero que no se te _____ el café.
   (enfriar)

10. Ojalá _____ con nosotros.
    (ir) (ustedes)

11. Necesitamos _____ el material que hay aquí.
    (aprovechar)

12. Espero que _____ sus vacaciones.
    (disfrutar) (ustedes)

13. Es importante que los estudiantes _____ y _____ los problemas.
    (reunirse)   (comentar)

14. Me gusta mucho la blusa que _____ .
    (traer) (tú)

15. Quizá Elena _____ su cumpleaños con una fiesta.
    (celebrar)

> **Recuerda:**
>
> Subjuntivo con verbos de:
>
> deseo
> duda
> voluntad
> emoción
> opinión (negativo)

IV. Cambia.

Ejemplo: Es necesario traducir el artículo.
       (tú)
       Es necesario **que traduzcas** el artículo.

1. Es conveniente apretar el botón. (usted)
2. Es raro volver tan tarde. (Elena)
3. Es necesario traer pistola. (el policía)
4. Es absurdo mentir de esa manera. (tú)
5. Es extraño aparecer así. (la luna)
6. Es importante producir más. (la fábrica)
7. Es posible perder las llaves. (la señora)
8. Es probable conseguir el dinero. (nosotros)
9. Es raro conocer a tanta gente. (ellos)
10. Es absurdo corregir al maestro. (ustedes)

V. Cambia al presente.

Ejemplo: El niño **despertó** a las nueve.
      El niño **despierta** a las nueve.

1. No reconocí a tus amigas.
2. ¿Tú sugeriste eso?
3. Prefirieron abrir con la palanca.
4. No volvieron aquí los bomberos.
5. Yo no corregí esas tareas.
6. El teléfono sonó mucho rato.
7. Traduje veinte páginas del cuento.
8. Apretaron varias veces el botón.
9. Yo sólo repetí la verdad.
10. No entendiste ni una palabra.

VI. Cambia al negativo.

Ejemplo: **Creo que viene** hoy.
      No creo que venga hoy.

1. Piensan que hay habitaciones.
2. Creemos que traduce bien.
3. Me asegura que lo conoce.
4. Creo que Luis tiene miedo.
5. ¿Piensas que viene?
6. Creen que entiendo inglés.
7. Te aseguro que aparece.
8. ¿Crees que te reconocen?

CONVERSACIÓN

VII. Lee

Las palabras fundamentales del idioma inglés son las que usa la ciudad para hablarles a sus habitantes: camine, no camine, entre, salga, empuje, apriete el botón, jale la palanca, deposite una moneda, ponga la basura aquí, no fume, "keep off" —que en buen español quiere decir "lárguese"—. Quien no conoce el equivalente de estas palabras en inglés, no debe venir a Washington. Está en peligro de hacer ridículos tan grandes como ser atropellado por un coche, o tan pequeños como quedarse atorado en una puerta eléctrica.

Como indican las palabras fundamentales que apunté arriba, la ciudad es autoritaria y no admite titubeos. Para ir de mi trabajo al hotel tengo que cruzar un bosque de semáforos. Hacerlo tiene la desventaja de que cruzar la calle no es una aventura como en México; es sólo una rutina. Los primeros días, debo confesar que, a pesar de tener enfrente el letrero "camine", cruzaba la calle mirando para todos lados por temor de encontrar un mexicano entre los conductores de vehículos. Pero ahora, como todos los demás habitantes de esta ciudad, tengo fe en los semáforos, en el orden y en la disciplina de los conductores de vehículos.

El orden, que es una de las razones por las que los Estados Unidos ha llegado a ser el país más próspero del mundo, es también la causa de que los norteamericanos hagan tanto turismo. El orden es conveniente pero aburridísimo. Afecta los nervios. A esto se debe que a las nueve de la noche la mayor parte de la población está en su casa, descansando y preparándose para trabajar al día siguiente.

Pero el orden no se conserva sólo porque haya semáforos y letreros; se necesita un cuerpo armado, equipado y numerosísimo de gente dispuesta a hacerlo respetar. Una noche se descompusieron los setenta y dos semáforos que hay en Dupont Circle, que está cerca del hotel. Vinieron veinticinco policías a dirigir el tránsito. Además de que eran veinticinco, cada uno de ellos llevaba silbato, pistola, garrote, esposas, bomba lacrimógena, ¡y teléfono!

VIII. Contesta.

1. ¿Cuáles son las palabras fundamentales del inglés?
2. ¿Qué peligro hay si uno no las conoce?
3. ¿Cómo es la ciudad?
4. ¿Qué hace el autor para ir de su trabajo a su hotel?
5. ¿Es conveniente esto?
6. ¿Qué hacía los primeros días?
7. ¿Qué opina el autor sobre el orden?
8. ¿Estás de acuerdo? ¿Por qué?
9. ¿Qué se necesita para conservar el orden?
10. ¿Qué pasó una noche en Dupont Circle?
11. ¿Cuántos policías fueron?
12. ¿Qué llevaban?
13. ¿Crees que es una exageración del autor?
14. ¿Has visto alguna situación parecida?

LECCIÓN 21

—¿Sigues molesto con el artículo?
—Pues sí, un poco. Quizá influya en mi actitud que el autor está hablando de una de las ciudades más bonitas de mi país.
—Pero, David, si todo es una broma.
—Sí, ya sé. Pero, ¿qué pensará de Washington alguien que no la conozca y lea esto?
—Si es mexicano, sabrá que es una sátira. El autor usa el mismo tono para tratar temas muy serios sobre México y Latinoamérica.
—Ya verás. Yo voy a escribir también un artículo sobre Washington.
—¡Ah! ¿Sí? ¿Qué vas a decir?
—Bueno, puedo hablar sobre la Plaza L'Enfant, por ejemplo. ¿No la conoces?
—No, creo que no. Ha de ser nueva. ¿Qué es?
—En realidad es un conjunto de edificios administrativos, pero tiene la ventaja de que no dan esa impresión. Mira, son una serie de edificios muy modernos situados a los lados de un paseo. El paseo es muy bello. Tiene faroles, plantas, fuentes. Abajo de los edificios hay muchas tiendas, florerías, restaurantes. Es un sitio muy bonito y, obviamente, muy importante para la ciudad.

Los ladrones **huyeron** de la cárcel.
El temblor **destruyó** parte de la ciudad.

Quizá eso **influya** en su decisión.
Quieren que **construyan** una alberca.

Esa situación **constituye** un grave problema.
El niño **destruye** los juguetes rápidamente.

Licenciado, **destruya** usted esos papeles.
María, **incluye** a Jorge en la lista.

21.1. VERBOS IRREGULARES (y eufónica)

Los banqueros contribuyeron.

El artículo incluye varios aspectos.

Señora, distribuya las bebidas.

Están influyendo en mi opinión.

> Son irregulares en:
>
> - Presente de indicativo
>   (excepto **nosotros**).
> - Presente de subjuntivo.
> - Terceras personas de pretérito.
> - Imperativo.
> - Gerundio.

> Son irregulares por **y eufónica**
> todos los verbos que terminan en
> **uir**.

Distribuir			
Presente indicativo	Presente subjuntivo	Pretérito	Imperativo
distribuyo	distribuya	distribuí	distribuye
distribuyes	distribuyas	distribuiste	no distribuyas
distribuye	distribuya	distribuyó	distribuya
distribuimos	distribuyamos	distribuimos	distribuyamos
distribuyen	distribuyan	distribuyeron	distribuyan
Gerundio: distribuyendo			

I. Cambia al presente.

Ejemplo: **Contribuí** con algo de dinero.
          Contribuyo con algo de dinero.

1. ¿Destruiste todos los documentos?
2. Influí algo en su opinión.
3. Excluimos a Mario de la reunión.
4. Huí corriendo de ese lugar.
5. ¿Instruiste bien a los muchachos?
6. No distribuiste bien los libros.
7. Construí unos juguetes de madera.
8. ¿Contribuiste con ropa o con dinero?
9. Destruimos todas las cartas.
10. No incluí a Roberto en la lista.

II. Cambia como en el ejemplo.

Ejemplo: **Es necesario distribuir** los documentos.
          Es necesario que distribuyamos los documentos.

1. Es raro reconocer a esas personas.
2. Es conveniente construir una alberca.
3. Es mejor traer unas cajas de cartón.
4. Es importante producir buena impresión.
5. Es necesario huir de aquí.
6. Es absurdo venir a esta hora.
7. Es conveniente traducir esto hoy mismo.
8. Es raro concluir a esta hora.
9. Es imposible oír con ese ruido.
10. Es necesario contribuir con algo.

III. Cambia al pretérito.

Ejemplo: **Distribuí** los papeles en la clase.
   Estuve distribuyendo los papeles en la clase.

1. Contribuimos durante varios años.
2. Construí una casita de cartón.
3. Huimos durante dos horas.
4. ¿Tú destruiste esos juguetes?
5. No distribuimos los dulces entre los niños.

IV. Completa.

1. No creo que ese radio _____ .
   (servir)

2. Nunca _____ a esos muchachos en la lista.
   (incluir) (yo)

3. Es importante que _____ el artículo hoy.
   (traducir) (tú)

4. Dile al niño que no _____ otra vez.
   (mentir)

5. Anoche ____ los ladrones de la cárcel.
   (huir)

6. Es necesario que _____ los semáforos.
   (obedecer) (ustedes)

7. Quiero que el doctor _____ a los niños.
   (reconocer)

8. ¿Por qué siempre me _____ de la reunión?
   (excluir) (ustedes)

9. Pídele a la maestra que _____ las tareas hoy.
   (corregir)

10. Puedes soltar al niño. No creo que _____ .
    (caerse)

11. El temblor _____ casi toda la ciudad.
    (destruir)

12. Cuando _____ , dile que lo necesito.
    (volver) (él)

13. Tal vez mañana _____ un pastel.
    (traer) (yo)

14. La reunión _____ cerca de las dos de la mañana.
    (concluir)

15. Espera que _____ las llaves.
    (encontrar) (yo)

¿Quién empujará la puerta?
Deben de ser los niños que quieren entrar.

Se oyen sirenas. **¿En dónde será** el incendio?
Quién sabe, pero **ha de ser** muy grande porque hay varios camiones.

¿Por qué habrá tanta basura en la calle?
Creo que los trabajadores están en huelga.

¿Dónde estará Jorge?
Fue a la peluquería.

¿Qué pasará? Se oye mucho ruido.
Es que no hay luz en la planta baja y están varios hombres trabajando.

¿Por qué gritarán? Asómate a la ventana.
Es que acaban de atropellar a un niño.

21.2. FUTURO DE PROBABILIDAD

Usamos el futuro de indicativo para expresar **duda** o **conjetura** en el presente.

¿Quién tocará?
¿Qué pasará?

Observa:

El hablante duda, se pregunta a sí mismo, expresa una conjetura.

¿Quién empujará la puerta?

El que contesta tiene varias posibilidades:

1. Debe de ser Juanito.
   (creo, supongo)

2. Han de ser los perros.
   (creo, supongo)

3. Es Juanito que no puede abrir.
   (tengo la información)

4. No sé quién es.

En las respuestas 1 y 2

	de +	
debe (deben)		infinitivo
ha (han)		infinitivo

la persona que contesta tiene alguna información o idea sobre lo que pasa. Es también una conjetura o una suposición.

V. Cambia. Usa *ha de + infinitivo*.

Ejemplo: **Supongo que hay** una huelga.
　　　　Ha de haber una huelga.

1. Supongo que son sus hijos.
2. Creo que viene hasta las nueve.
3. Supongo que quieren entrar.
4. Creo que es la policía.
5. Pienso que están enfermos.
6. Supongo que hay un incendio.
7. Creo que es alcohólico.
8. Supongo que quemas la basura.
9. Pienso que está en la peluquería.
10. Creo que traen garrote y pistola.

VI. Cambia. Usa *debe de + infinitivo*.

Ejemplo: **Pienso** que Carmen está en la biblioteca.
　　　　Carmen **debe de estar** en la biblioteca.

1. Creo que está prohibido fumar aquí.
2. Supongo que es una equivocación.
3. Pienso que los gatos están enfermos.
4. Creo que es bastante tarde.
5. Supongo que ellos tienen miedo.
6. Pienso que es un problema congénito.
7. Supongo que hay un contrato.
8. Creo que guisan muy sabroso.
9. Pienso que tienen ganas de salir.
10. Supongo que es un artículo superficial.

VII. Contesta. Usa *ha de* o *debe de*. Agrega nueva información.

Ejemplo: ¿Quién tocará?
　　　　Ha de ser Juan. Dijo que iba a venir.

1. ¿Quién llamará a esta hora?
2. ¿Quién será esa señora?
3. ¿Por qué habrá tanto ruido?
4. ¿Dónde estarán mis llaves?
5. ¿Por qué gritará el niño?
6. ¿Qué tendrá el perro?
7. ¿Qué pasará? Se oyen sirenas.
8. ¿Quién vendrá a esta hora?
9. ¿Adónde irán los muchachos?
10. ¿Por qué llevará pistola Jorge?

¿Atropellaron a un niño?
Sí, pero el chofer **no tuvo la culpa**.

¿Estaban comentando la clase?
No, lo que decíamos **no tiene que ver** con la clase.

¿Van a derribar esos edificios?
Creo que sí. Yo pienso que deberían **tener en cuenta** que son antiguos.

¿Piensas ir al lugar del incendio?
Sí, pero no te preocupes. Voy a **tener cuidado**.

21.3. TENER (algunos usos)

> Con el verbo **tener** se forman en español diversas expresiones.

tener que ver

No tiene que ver con el problema.
(No tiene relación con el problema)

tener la culpa

No tuve la culpa del accidente.
(No fui el responsable del accidente)

tener en cuenta

No tienen en cuenta otras opiniones.
(No consideran otras opiniones)

tener cuidado

Ten cuidado con el perro.
(Cuídate del perro)

tener la costumbre

Tenían la costumbre de venir.
(Acostumbraban venir)

tener en común

Tenemos en común que nos gusta el cine.
(Nos parecemos en nuestros gustos)

tener entre ceja y ceja

Tiene esa idea entre ceja y ceja.
(Tiene una idea firme)

tener en la punta de la lengua

No recuerdo ahorita el nombre, pero lo tengo
en la punta de la lengua.
(Estoy a punto de decirlo)

VIII. Cambia.

A. Usa **tener que ver**.

Ejemplo: El problema **no tiene relación** con la huelga.
　　　　El problema **no tiene que ver** con la huelga.

1. El artículo no tiene relación con la clase.
2. Lo que dijiste no tiene relación con este tema.
3. Esos libros no tienen relación con nuestro estudio.
4. Su trabajo no tiene relación con su profesión.
5. La conversación no tiene relación con su problema.
6. La reunión no tuvo relación con la huelga.

B. Usa **tener la culpa**.

Ejemplo: Ella **no fue responsable** del accidente.
　　　　Ella **no tuvo la culpa** del accidente.

1. Yo no soy la responsable del choque.
2. Luis no fue el responsable de lo que pasó.
3. No fuimos los responsables del accidente.
4. Los trabajadores fueron los responsables del incendio.
5. Laura no es la responsable, es Elsa.
6. El doctor fue el responsable del problema.

C. Usa **tener en cuenta**.

Ejemplo: **No consideraron** nuestro trabajo.
　　　　No tuvieron en cuenta nuestro trabajo.

1. No consideré el punto de vista de los niños.
2. ¿No consideraron que había fuego en la planta baja?
3. Nunca consideran la opinión de los estudiantes.
4. Debes considerar que hay muchas diferencias.
5. ¿No consideraste el peligro que había?
6. Hay que considerar los gastos necesarios.

D. Usa **tener cuidado**.

Ejemplo: **Cuídate** de esos muchachos.
          Ten cuidado con esos muchachos.

1. Debes cuidarte de los vehículos.
2. Cuídese del perro, es muy bravo.
3. ¿Por qué no te cuidas de esas personas?
4. Jorge, cuídate del aire frío.
5. Debes cuidarte de ese hombre.
6. Cuídense del chofer. Maneja muy mal.

E. Usa **tener la costumbre**.

Ejemplo: **Acostumbramos** ir a la playa en verano.
          Tenemos la costumbre de ir a la playa.

1. Los bomberos acostumbran llevar sirena.
2. No acostumbro comer fuera de mi casa.
3. Antes acostumbrábamos viajar en trolebús.
4. ¿Acostumbras leer en las noches?
5. No acostumbro firmar papeles en blanco.
6. Acostumbra contradecir todo lo que se dice.

F. Usa **tener en común**.

Ejemplo: Tu casa y la mía **se parecen** algo.
          Tienen algo **en común**.

1. Todos tus hijos se parecen un poco.
2. Los dos artículos coinciden en ciertas cosas.
3. ¿Se parecen algo los pueblos de este país?
4. Margarita y Rosa se parecen un poco.
5. ¿Son parecidos tus hermanos?
6. Esos muchachos no se parecen nada.

CONVERSACIÓN

Otro día me despiertan las sirenas de los bomberos. Me asomo a verlos
pasar, cuento doce camiones, con escaleras de todos tamaños. Me imagino un
multifamiliar enorme, con gente lanzándose por las ventanas. A esta imagen
se superpone otra: una fábrica de pintura con los techos quemándose y las
paredes cayéndose sobre un verdadero infierno. En ese instante me doy cuenta
de que huele a quemado. Además ya no hay sirenas. Oigo el ruido de los
camiones estacionándose. En la glorieta hay un problema de tránsito. El olor a
quemado aumenta. Las dos imágenes anteriores se borran por una tercera: ¡el
hotel —"mi" hotel— se está quemando! Pánico. Me visto en doce segundos,
salgo del cuarto, bajo la escalera, llego al lobby. Todo está en orden. Salgo a
la calle. Varios curiosos pasan caminando sin prisa. Llego a la esquina. Un
café que está en la planta baja de un edificio de cuatro pisos es el lugar del
siniestro. Los doce camiones de bomberos, con escaleras de todos tamaños,
están estacionados en las calles cercanas. Veinte bomberos con máscaras contra
gases están abriendo una puerta, usando para ello palancas de todas clases. Un
bombero, con máscara, entra en el lugar incendiado y apaga las llamas con un
extinguidor. Desde la ventana del primer piso de la casa vecina, un hombre se
asoma para ver la maniobra. Al ver que el incendio ha terminado, cada quien
regresa a sus ocupaciones frustrado.

Los bomberos son parte del orden. En el otro extremo está el desorden. Los jóvenes, que después de quince años de lavarse las orejas y de ir a la peluquería cada viernes, dejan de hacerlo, usan barba y pelo largo, se visten con ropa de segunda mano que nunca lavan, andan descalzos, se reúnen por las tardes en los parques a tocar la guitarra y a platicar. Las mujeres andan cargando niños como subdesarrolladas. Los policías los miran de reojo.

Yo no los entiendo, pero los respeto. Estoy de acuerdo en que se porten así en la ciudad más burocrática del mundo. Lo único que me da desconfianza es su dieta. Comen yogur, trigo germinado y, cuando van al cine, pop-corn.

Texto adaptado del artículo "Carta de Washington",
Ibargüengoitia, Jorge, *Viajes en la América Ignota*,
Edit. Joaquín Mortiz, México, 1972.

X. Contesta.

1. Di algo sobre el incendio.
2. ¿Tú crees que es muy exagerado lo que dice el autor?
3. ¿Has visto un incendio? Coméntalo.
4. ¿Qué dice del desorden?
5. ¿Estás de acuerdo? ¿Por qué?
6. ¿Por qué no le gusta la dieta de esos jóvenes?
7. ¿Has visitado algún país extranjero?
8. ¿Has observado a la policía?
9. ¿Es muy diferente de la policía norteamericana?
10. ¿Te pareció divertido el artículo?

—¿Qué estás leyendo?

—No estoy leyendo, estoy estudiando. Tengo que presentar mi examen de admisión para entrar a la Universidad.

—¿Es un examen muy duro?

—Creo que sí. Como no hay suficientes lugares, tienes que sacar un buen promedio para entrar.

—¿Es lo mismo en todos los niveles?

—Sí, en general, sí.

—¿Cuántos años de educación obligatoria hay en México?

—Nueve: seis de primaria y tres de secundaria.

—¿Todos los niños van a la escuela?

—No, desafortunadamente, no todos. La educación es uno de los más serios problemas que hemos tenido en México desde la época de la Colonia.

Actualmente hay más de seis millones de analfabetos, esto es el 19%*
de la población de personas mayores de 14 años. No hay suficientes
lugares: muchos niños y jóvenes no tienen lugar en las escuelas primarias,
secundarias y de educación superior. El problema es también muy grave en
las zonas rurales: cerca de un millón de niños campesinos no tienen escuela.
Además, hay otros problemas: en el campo, de cada cien niños que entran a
la primaria, la terminan ocho y, de éstos, sólo dos continúan la secundaria.
Esto se debe principalmente a que son familias muy pobres y los muchachos
tienen que trabajar en el campo para ayudar a sus padres.
—¿No hace nada el gobierno para resolver estos problemas?
—Por supuesto que sí. Ésta ha sido una de las grandes preocupaciones de
   todos los gobiernos de México. Pero no es fácil. Es un gran problema que
   tienen todos los países en donde había población indígena cuando llegaron
   los españoles. Su educación e integración social ha sido y es un proceso lento
   y difícil.
—¿Todos los países latinoamericanos tienen el mismo problema?
—No todos. En parte, depende de las condiciones de la cultura de cada país
   antes del descubrimiento de América.

---

* % = por ciento.

Creo que vas a pasar el examen de admisión.
No creo que pases el examen de admisión.

Aseguran que hay seis millones de analfabetos.
No aseguran que haya seis millones de analfabetos.

Piensa que el problema **es** la integración social.
No piensa que el problema **sea** la integración social.

Dicen que depende de las condiciones culturales.
No dicen que dependa de las condiciones culturales.

22.1. PRESENTE DE SUBJUNTIVO (opinión)

Con el **negativo** de algunos verbos de opinión se usa el subjuntivo en la oración subordinada.

No creo que venga.
No piensan que llueva.

Se usa el subjuntivo porque el hablante considera la acción del verbo improbable, hipotética.

I. Cambia al negativo.

Ejemplo: **Creo que se debe** a la lluvia.
       No creo que se deba a la lluvia.

1. Pensamos que pasan el examen de admisión.
2. Te aseguro que sacas un buen promedio.
3. Dicen que aprovechan los bosques.
4. Les aseguro que Jorge tiene la culpa.
5. Consideran que es necesaria la integración.
6. Creo que presenta el examen mañana.
7. Considero que la situación es muy grave.
8. Pienso que al gobierno le interesa este problema.
9. Opinan que hay varios millones de analfabetos.
10. Carlos dice que es de segunda mano.

II. Cambia al afirmativo.

Ejemplo: **No consideran que haya** demasiada gente.
       Consideran que hay demasiada gente.

1. No pensamos que tenga muchos problemas.
2. No nos aseguran que traigan bombas lacrimógenas.
3. No creo que sea una gran ventaja.
4. No dicen que tengas que depositar una moneda.
5. No consideran que esto le afecte al campo.
6. No piensan que todos estemos de acuerdo.
7. No te aseguro que los niños confiesen la verdad.
8. No creen que hoy presenten el examen.
9. No considero que pueda llegar a ser importante.
10. No dicen que tenga la costumbre de venir aquí.

III. Forma una oración.

Ejemplo: **Se aprovecha** bien el campo. Luis **no** lo **cree**.
Luis **no cree que se aproveche** bien el campo.

1. Hay seis millones de analfabetos. El doctor no lo considera.
2. Comentan cosas desagradables. Yo no lo creo.
3. Es sólo una rutina. Rosa no lo piensa.
4. Está listo en la tarde. La secretaria no lo asegura.
5. Hay que jalar esa palanca. El letrero no lo dice.
6. Tenemos que admitirlo. Luis no lo considera.
7. Los pueden atropellar. No lo crees.
8. Hay mucho desorden. El maestro no lo asegura.
9. Se reúnen en la oficina. No te lo aseguro.
10. Organizan una huelga. El jefe no lo piensa.

IV. Contesta en forma negativa.

Ejemplo: ¿**Piensas que tiene** la culpa Jorge?
No, **no pienso que** Jorge la **tenga**.

1. ¿Dicen que el gobierno se preocupa?
2. ¿Aseguras que hay muchos analfabetos?
3. ¿Creen que es un problema grave?
4. ¿Consideras que le gusta vivir en una zona rural?
5. ¿Piensan que tiene que ver con aspectos culturales?
6. ¿Cree usted que debo sacar mi dinero?
7. ¿Me aseguras que pasas el examen de admisión?
8. ¿Piensas que es un trabajo muy duro?
9. ¿Dicen que está quemado el edificio?
10. ¿Aseguran que vienen los bomberos?

Había gente curiosa **por** todas partes.

Quiero un cochinito **para** guardar mi dinero.

Mi caballo ganó **por** una cabeza.

Llena la tina **para** bañar al niño.

No se debe respirar **por** la boca.

Hemos decidido salir **para** Cuernavaca.

No he viajado mucho **por** Latinoamérica.

Carlos está muy alto **para** su edad.

Mandaron el paquete **por** barco.

22.2. POR - PARA (algunos usos)

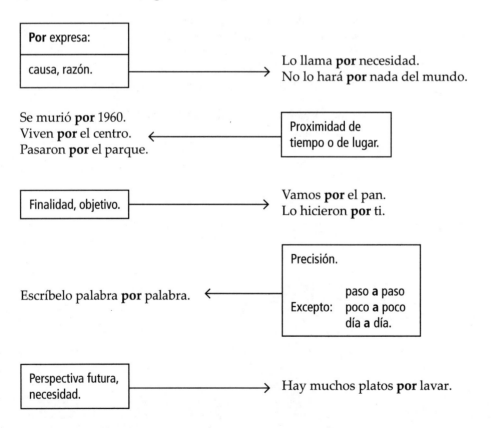

Por expresa:	
causa, razón.	→ Lo llama **por** necesidad. No lo hará **por** nada del mundo.

Se murió **por** 1960.
Viven **por** el centro. ← Proximidad de tiempo o de lugar.
Pasaron **por** el parque.

Finalidad, objetivo. → Vamos **por** el pan.
Lo hicieron **por** ti.

Escríbelo palabra **por** palabra. ← Precisión.
Excepto: paso **a** paso
poco **a** poco
día **a** día.

Perspectiva futura, necesidad. → Hay muchos platos **por** lavar.

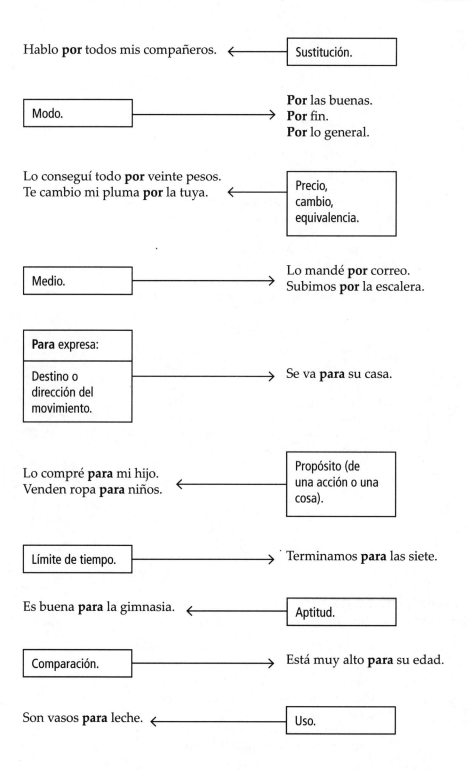

Hablo **por** todos mis compañeros. ⟵ | Sustitución.

Modo. ⟶ **Por** las buenas.
Por fin.
Por lo general.

Lo conseguí todo **por** veinte pesos.
Te cambio mi pluma **por** la tuya. ⟵ | Precio, cambio, equivalencia.

Medio. ⟶ Lo mandé **por** correo.
Subimos **por** la escalera.

Para expresa:

Destino o dirección del movimiento. ⟶ Se va **para** su casa.

Lo compré **para** mi hijo.
Venden ropa **para** niños. ⟵ | Propósito (de una acción o una cosa).

Límite de tiempo. ⟶ Terminamos **para** las siete.

Es buena **para** la gimnasia. ⟵ | Aptitud.

Comparación. ⟶ Está muy alto **para** su edad.

Son vasos **para** leche. ⟵ | Uso.

V. Cambia. Usa *por.*

A. Cambio, equivalencia.

Ejemplo: Te doy diez pesos **a cambio de** esos lápices.
  Te doy diez pesos **por** esos lápices.

1. Me ofrecen unos libros a cambio de estos discos.
2. Nos darían un regalo a cambio de nuestro silencio.
3. Te acepto el cochinito a cambio de mi pluma.
4. Me consiguen esos papeles a cambio de mi ayuda.
5. Te daría las flores a cambio de un beso.
6. Me ofrece su bolsa a cambio de la mía.
7. Le limpia el coche a cambio de unos pesos.
8. Te hago la tarea a cambio de ese disco.
9. Daría cinco pesos a cambio de tus pensamientos.
10. Les doy estas revistas a cambio de su amabilidad.

B. Causa.

Ejemplo: El bebé está llorando. Tiene hambre.
  El bebé está llorando por hambre.

1. Firmaré los papeles. Es una necesidad.
2. No asistieron a la conferencia. Fue una equivocación.
3. El ministerio estaba cerrado. Había nieve.
4. No fuimos a la fiesta. Teníamos trabajo.
5. Vinieron los bomberos. Hubo un incendio.
6. Jorge se enfermó. Tomó cervezas.
7. Va a correr. Es cobarde.
8. Me gusta ese perro. Está limpio.
9. Dormí muy mal. Tuve pesadillas.
10. Nos interesa ese libro. Es antiguo.

C. Proximidad de tiempo o lugar.

Ejemplo: Ese pintor murió **alrededor de** 1900.
  Ese pintor murió **por** 1900.

1. No sé donde viven, pero es cerca de aquí.
2. Jorge llegó a México alrededor de 1972.
3. Pusimos los paquetes cerca de la cocina.
4. ¿Vas cerca del Museo de Antropología?
5. Su niño nació alrededor de agosto.
6. La peluquería queda cerca del centro.
7. Iremos a la luna alrededor del año 2020.

8. El incendio es cerca de aquí.
9. ¿Vas a pasar cerca de un banco?
10. Terminaré de estudiar alrededor del 2014.

D. Finalidad, objetivo.

Ejemplo: Quieren ir. Necesitan los papeles.
Quieren ir **por** los papeles.

1. Vamos a salir. Hay que comprar pan.
2. Tenemos que ir. Queremos cigarros.
3. Tienen que venir. Aquí están sus boletos.
4. Voy a salir. Tengo que recoger unos papeles.
5. ¿Pueden ir? Hay que comprar refrescos.
6. Necesitan salir. Van a traer el periódico.
7. Necesitamos regresar. Se nos olvidó el paraguas.
8. Van a venir. Tienen que recoger sus discos.
9. Pueden ir. Hay que traer unos libros.
10. Necesito ir. Voy a recoger unos zapatos.

E. Precisión.

Ejemplo: Cuenta bien los billetes.
Cuenta billete **por** billete.

1. Lee con cuidado las palabras.
2. Comenta todos los artículos.
3. Deposita las monedas despacio.
4. Apunten todos los verbos.
5. Laven bien estas cosas.

6. Escribe los números con cuidado.
7. Limpia todos los cuartos.
8. Guarda los libros con cuidado.
9. Estudien todas las lecciones.
10. Analiza todos los aspectos.

F. Necesidad.

Ejemplo: No hemos lavado toda la ropa.
Todavía hay ropa **por** lavar.

1. No hemos estudiado todos los verbos.
2. No ha llenado todas las botellas.
3. No han comentado todos los aspectos.
4. No han guardado todos los papeles.
5. No hemos limpiado todos los libros.
6. No has sacado todos los paquetes.
7. No he presentado todos los exámenes.
8. No ha planchado todas las blusas.
9. No hemos plantado todas las flores.
10. No han visto todas las fotografías.

G. Sustitución.

Ejemplo: Luis habla **en nombre** de todo el grupo.
Luis habla **por** el grupo.

1. Lo digo en nombre de todos mis amigos.
2. El regalo es en nombre de toda la familia.
3. Te lo ofrezco en nombre de toda la clase.
4. Les preguntamos en nombre de todos los empleados.
5. ¿Lo dices en nombre de todos?
6. Confesó en nombre de todo el grupo.
7. Preguntamos en nombre de todos los alumnos.
8. Me lo dieron en nombre de toda la familia.
9. Lo dicen en nombre de todo el grupo.
10. Lo aseguró en nombre del gobierno.

H. Medio.

Ejemplo: Mandamos el dinero. Usamos telégrafo.
Mandamos el dinero **por** telégrafo.

1. Subimos al tercer piso. Usamos el elevador.
2. Trajeron el papel de Brasil. Usaron un barco.
3. Los paquetes llegaron ayer. Los trajo el correo.
4. Hablé con Teresa. Usé el teléfono.
5. Bajaste cuatro pisos. Usaste la escalera.
6. Dieron las noticias. Las oí en el radio.
7. Mandaron los paquetes. Usaron un avión.
8. Trajeron unas revistas. Usaron el correo.
9. Hablamos con nuestra hija. Usamos el radio.
10. Mandé los cheques. Usé el correo.

VI. Cambia. Usa *para*.

A. Propósito.

Ejemplo: Compré un cochinito. Se lo di a Elenita.
Compré un cochinito **para** Elenita.

1. Conseguimos el libro. Se lo dimos al maestro.
2. Trajimos las bicicletas. Se las prestamos a tus hijos.
3. Guardé un pedazo de pastel. Se lo voy a dar a Rosa.
4. Tengo unos boletos. Se los voy a regalar a Carlos.
5. Necesito unas monedas. Quiero un refresco.
6. Sólo tienen ocho pesos. Van a comprar cigarros.
7. Traje unos silbatos. Se los di a los niños.

8. Necesito un millón de pesos. Quiero hacer un viaje.
9. Gané un cochinito. Se lo voy a dar a mi hijo.
10. Guardaron unos dulces. Se los darán a Rosita.

B. Comparación.

Ejemplo: Sabe mucho y estudia muy poco.
Sabe mucho **para** lo poco que estudia.

1. Está muy alto y sólo tiene tres años.
2. Ganan muy poco y trabajan mucho.
3. Pepe habla mucho y tiene dos años.
4. Te portas muy mal y ya tienes doce años.
5. Gasta demasiado y gana poco.
6. Aprenden mucho y estudian poco.
7. Come mucho y está muy delgado.
8. El reloj se descompone muy poco y es muy viejo.
9. Saben muy poco y estudian mucho.
10. Trabajan demasiado y están enfermos.

C. Uso.

Ejemplo: Dame el líquido. Voy a limpiar los vidrios.
Dame el líquido **para** los vidrios.

1. Traeme un poco de agua. Le voy a dar al perro.
2. Busca la jarra. Aquí está la leche.
3. Compren jabón. Hay que lavar la ropa.
4. ¿Dónde está la medicina? Me duele la garganta.
5. Consigue una goma. Tenemos que borrar esto.
6. Quiero unos zapatos viejos. Voy a caminar mucho.
7. Dame un foco. No tiene foco mi lámpara.
8. Necesitas un champú especial. Tienes el pelo seco.
9. Busca un líquido. Necesito limpiar el sillón.
10. Préstanos dinero. Queremos ir al cine.

D. Destino.

Ejemplo: Van **a** la biblioteca.
Van **para** la biblioteca.

1. Regresan a la iglesia.
2. Vamos a la cafetería.
3. Voy a ir a casa de Luisa.
4. Caminen a la esquina.
5. Piensan ir al centro.
6. Regresamos a la agencia.

> **Atención:**
>
> a ⟍ dirección del movimiento
> para ⟋
>
> **Para** es más indeterminado, más vago.
>
> Con verbos que significan **el final** del movimiento se usa siempre **a**:
>
> Llegué a mi casa muy tarde.

7. Vamos a la planta baja.
8. Camino al banco.
9. Van al mercado.
10. Den vuelta a la derecha.

E. Aptitud.

Ejemplo: Rosa habla bien varias lenguas.
　　　　 Es buena **para** las lenguas.

1. Los conductores de las ambulancias manejan muy bien.
2. Verónica hace gimnasia muy bien.
3. Ese perro puede cuidar la casa.
4. Sus hijos saben piano y guitarra.
5. Teresa cocina muy sabroso.
6. Los niños practican muchos deportes.
7. Carlos dibuja muy bien.
8. Los muchachos juegan futbol perfectamente.
9. Sabemos coser muy bien.
10. Esa secretaria trabaja perfectamente.

F. Límite de tiempo.

Ejemplo: La casa estará lista en abril.
　　　　 Para abril, ya estará la casa.

1. Estaremos listos a las cinco.
2. Van a estar mejor mañana.
3. El trabajo estará terminando el sábado.
4. Estaremos en la luna el año 2020.
5. La carne estará cocida a las tres.
6. Los libros estarán terminados en mayo.
7. Estaremos en la casa mañana.
8. Los niños estarán vestidos a las ocho.
9. La comida estará lista a las dos.
10. Estarán en Europa el mes que entra.

El paquete se fue **por** avión.
Las niñas fueron **a** caballo.

Decidí mandarlo **por** correo.
Hicimos el viaje **en** barco.

Las noticias llegaron **por** telégrafo.
Fuimos a la feria **en** bicicleta.

Tenemos que subir **por** la escalera.
¿Van a ir **en** tren o **en** coche?

22.3. POR - EN - A (medio)

Recuerda:

La preposición **por** expresa medio:

Subí **por** el elevador.   Lo mandé **por** correo.
Hablaron **por** teléfono.   Lo dijeron **por** radio.

Con algunos verbos de movimiento (ir, venir, viajar, llegar, regresar, volver, etcétera) se usa la preposición **en**, cuando se trata de una persona.

Llegó **en** taxi.
Fueron **en** burro.
Regresamos **en** metro.

Excepto:

a pie
a caballo

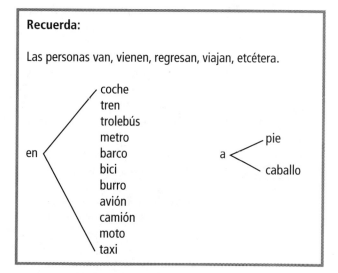

Recuerda:

Las personas van, vienen, regresan, viajan, etcétera.

en → coche, tren, trolebús, metro, barco, bici, burro, avión, camión, moto, taxi

a → pie, caballo

VIII. Completa. Usa *por, en, a.*

1. ¿Piensan ustedes subir la montaña _____ caballo o _____ burro?

2. Yo me voy a regresar _____ avión pero todos los libros los voy a mandar _____ barco.

3. Los chicos quieren ir _____ moto, pero a mí me da miedo. Prefiero que vayan _____ caballo.

4. Voy a mandar el dinero _____ telégrafo. Creo que es más seguro.

5. ¿Prefieres subir _____ pie o _____ el elevador?

6. Vamos a hacer el viaje _____ tren porque queremos ver el campo.

7. Regresaron _____ taxi porque su coche se descompuso.

8. Voy a mandar mis cosas _____ avión porque es más rápido.

9. Ayer regresó Tere _____ el avión de las 9:30.

10. Va a ser difícil encontrar un taxi a esta hora. Vámonos _____ camión.

Me dio cien pesos **por** el libro.
Me dio cien pesos **para** el libro.

Van a terminar la casa **por** abril.
Van a terminar la casa **para** abril.

Trabaja mucho **por** su hijo.
Trabaja mucho **para** su hijo.

Regresamos **por** el parque.
Regresamos **para** el parque.

Estoy **por** terminar el vestido.
Estoy **para** terminar el vestido.

22.4. POR - PARA

> Las preposiciones **por** y **para** suelen ser confusas
> en ciertas ocasiones.

Observa:

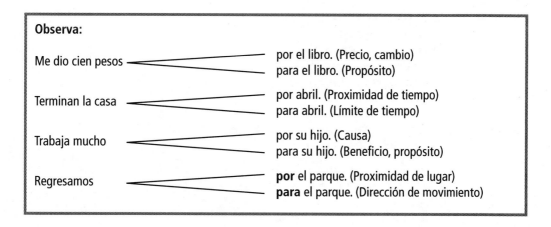

Me dio cien pesos —— por el libro. (Precio, cambio)
                   —— para el libro. (Propósito)

Terminan la casa —— por abril. (Proximidad de tiempo)
                 —— para abril. (Límite de tiempo)

Trabaja mucho —— por su hijo. (Causa)
              —— para su hijo. (Beneficio, propósito)

Regresamos —— **por** el parque. (Proximidad de lugar)
           —— **para** el parque. (Dirección de movimiento)

Atención:

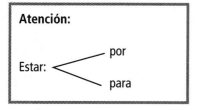

Estar: —— por
       —— para

+ infinitivo

Estar por + infinitivo expresa inminencia de la acción.	Estoy **por** terminar el vestido. (Estoy cerca de terminar el vestido; estoy acabando de coser el vestido.)
Estar para + infinitivo expresa propósito.	Estoy **para** terminar el vestido. (La razón o el propósito de que yo esté aquí es coser, a fin de terminar el vestido.)

VIII. Lee las siguientes oraciones y explica el uso de *por* y *para*.

1. Quieren ir por el museo.
   Quieren ir para el museo.
2. Estoy limpiando la casa por la fiesta.
   Estoy limpiando la casa para la fiesta.
3. Piensan regresar para Navidad.
   Piensan regresar por Navidad.
4. El hombre está por confesar la verdad.
   El hombre está para confesar la verdad.
5. Te ofrezco cien pesos por los discos.
   Te ofrezco cien pesos para los discos.

IX. Completa con *por* y *para*. Explica el significado de cada oración. A veces hay dos posibilidades.

1. Pienso regresar a mi país _____ enero.

2. ¿ _____ qué lo quieres? _____ lavarlo.

3. Estoy _____ comprarle un regalo a Carmen.

4. Vamos a conseguir un libro _____ Jorge.

5. Empujó las cajas _____ por equivocación.

6. Hay que depositar dos monedas _____ sacar los cigarros.

7. Tuvo muchos problemas _____ llegar tan tarde a la reunión.

8. Los paquetes llegaron ayer _____ correo.

9. Escribo en máquina _____ mi clase de francés.

10. Vivimos _____ la Universidad.

11. Pregunté _____ ti.

12. Necesito conseguir dinero _____ pagar la renta.

CONVERSACIÓN

La rueda de la fortuna

¡Peso al plato! ¡Peso al plato!

Aquí estamos todos, un poco curioseando, un poco respirando la atmósfera de fiesta, de feria, de pueblo, tan nuestro y tan ajeno, cada vez más, a nosotros. Alegría en el ambiente, en los ojos, en la piel.

Luisa, incansable, lanza pesos y más pesos entre las risas de los espectadores. El juego no puede ser más sencillo: hay que lanzar una moneda, desde una cierta distancia, a un plato que flota en una tina llena de agua. Si el peso se queda en el plato, uno gana un cochinito de barro. Pero el peso nunca se queda, rebota en el plato y cae en el fondo de la tina.

El vendedor, ingenioso y hábil, demuestra de vez en cuando lo fácil que es hacerlo: lanza una moneda que inevitablemente cae en el plato. Claro, nuevos clientes se deciden a probar suerte. ¡Qué domingo estupendo! Uno de esos días en que todo sale bien. Llegamos al pueblo de casualidad, buscando a un vendedor de alfombras. Nos recibió un pueblo vestido de colores, con música, danzas y feria. Decidimos quedarnos y disfrutar la oportunidad que se nos ofrecía.

Aquí estamos pues tirando al blanco, lanzando pesos al plato, pidiéndole a un pajarito que nos lea la suerte, en medio de una multitud de camisas bordadas, de sombreros y de faldas de colores. Después de comer caminamos por las callecitas, silenciosas y tranquilas ahora que sus habitantes están en la fiesta. Admiramos dos bellísimas iglesias y los alrededores del pueblo.

Volvimos a la feria, a llenarnos los ojos una vez más con el ambiente del lugar.

Otra vez el peso al plato, el comprar pequeñas e inservibles cosas, los caballitos, la rueda de la fortuna, como niños mayores que por un momento quieren ser pequeños.

Nos bajamos de la rueda de la fortuna porque el tiempo, nuestro enemigo, nos decía que ya era hora de volver.

Fue entonces cuando vi frente a nosotros a un grupo de niñas —indígenas mazahuas— que nos miraban y se reían escondiendo sus ojitos y doblando la cabeza.

Hablando en su lengua, se reían y nos observaban. De pronto, una de ellas, con los ojos muy negros y muy abiertos, avanzó tres pasos, me miró con mucha seriedad y me dijo en su mal español:

—Señora, ¿no me invitas a la rueda de la fortuna?

—Claro —dije, y agregué—: ¿te gusta mucho?

—No sé. Nunca me he subido.

Abría la bolsa cuando todas las demás se acercaron tímidamente, con pasitos cortos, riéndose y diciendo palabras incomprensibles. Sólo había una cabeza levantada y unos ojos mirándome fijamente: los de **mi** indita mazahua.

Les entregué el dinero. Se alejaron corriendo felices hacia la rueda de la fortuna. Nos quedamos ella y yo, frente a frente.

Extendió su manita morena, tomó el dinero, sonrió y dijo: gracias, señora.

No pasó nada más.

Me quedé allí, inmóvil, un momento. Busqué con los ojos a Jorge y a mis hijas. Estaban allí. No hablamos ni una palabra.

Cruzamos la plaza en dirección al coche.

Estábamos guardando las cosas cuando se acercó una mujer que vendía unas telas bordadas. Era una mujer joven todavía, con la piel seca y la mirada endurecida. Instintivamente, volví los ojos hacia la rueda de la fortuna que daba vueltas y más vueltas llena de caritas frescas y sonrientes.

Pensativos y melancólicos iniciamos el viaje de regreso.

A.M. Maqueo

XI. Contesta las preguntas.

1. ¿Cómo es el lugar del cuento?
2. ¿Conoces algún pueblo como éste?
3. ¿Qué es una feria?
4. ¿Cómo son las ferias en tu país?
5. ¿Qué quiere decir "peso al plato"?
6. ¿Qué otros juegos hay en las ferias?
7. ¿Quién cuenta esta historia?
8. ¿Qué otras personas están con ella?
9. ¿Cuál es el personaje principal?
10. ¿Cuál es el tema del cuento?
11. ¿Qué sentido tiene el personaje de la mujer de los bordados?
12. ¿Y el de la niña indita?
13. ¿Cómo te imaginas la vida de la niña?
14. ¿Crees que sabe leer y escribir?
15. ¿Cómo será su vida futura?

APÉNDICE

ACOSTAR(SE)

Presente	Pretérito	Copretérito	Futuro	Gerundio
acuesto (yo)	acosté	acostaba	acostaré	acostando
acuestas (tú)	acostaste	acostabas	acostarás	
acuesta (él)	acostó	acostaba	acostará	
acostamos (nosotros)	acostamos	acostábamos	acostaremos	
acuestan (ellos)*	acostaron	acostaban	acostarán	

Antepresente	Antecopretérito	Pospretérito	Presente subjuntivo	Imperativo	
he acostado	había acostado	acostaría	acueste		acuesta (tú)
has acostado	habías acostado	acostarías	acuestes	no	acuestes (tú)
ha acostado	había acostado	acostaría	acueste		acueste (él)
hemos acostado	habíamos acostado	acostaríamos	acostemos		acostemos (nosotros)
han acostado	habían acostado	acostarían	acuesten		acuesten (ellos)**

ADVERTIR

Presente	Pretérito	Copretérito	Futuro	Gerundio
advierto	advertí	advertía	advertiré	advirtiendo
adviertes	advertiste	advertías	advertirás	
advierte	advirtió	advertía	advertirá	
advertimos	advertimos	advertíamos	advertiremos	
advierten	advirtieron	advertían	advertirán	

Antepresente	Antecopretérito	Pospretérito	Presente subjuntivo	Imperativo	
he advertido	había advertido	advertiría	advierta		advierte
has advertido	habías advertido	advertirías	adviertas	no	adviertas
ha advertido	había advertido	advertiría	advierta		advierta
hemos advertido	habíamos advertido	advertiríamos	advirtamos		advirtamos
han advertido	habían advertido	advertirían	adviertan		adviertan

---

*En todo el apéndice se usan estos pronombres personales para conjugar el presente, pretérito, copretérito, futuro, antepresente, antecopretérito, pospretérito y presente subjuntivo.
**En el caso del imperativo, los pronombres personales son los indicados entre paréntesis en este recuadro.

AGRADECER

Presente	Pretérito	Copretérito	Futuro	Gerundio
agradezco	agradecí	agradecía	agradeceré	agradeciendo
agradeces	agradeciste	agradecías	agradecerás	
agradece	agradeció	agradecía	agradecerá	
agradecemos	agradecimos	agradecíamos	agradeceremos	
agradecen	agradecieron	agradecían	agradecerán	

Antepresente	Antecopretérito	Pospretérito	Presente subjuntivo	Imperativo	
he agradecido	había agradecido	agradecería	agradezca		agradece
has agradecido	habías agradecido	agradecerías	agradezcas	no	agradezcas
ha agradecido	había agradecido	agradecería	agradezca		agradezca
hemos agradecido	habíamos agradecido	agradeceríamos	agradezcamos		agradezcamos
han agradecido	habían agradecido	agradecerían	agradezcan		agradezcan

APRETAR

Presente	Pretérito	Copretérito	Futuro	Gerundio
aprieto	apreté	apretaba	apretaré	apretando
aprietas	apretaste	apretabas	apretarás	
aprieta	apretó	apretaba	apretará	
apretamos	apretamos	apretábamos	apretaremos	
aprietan	apretaron	apretaban	apretarán	

Antepresente	Antecopretérito	Pospretérito	Presente subjuntivo	Imperativo	
he apretado	había apretado	apretaría	apriete		aprieta
has apretado	habías apretado	apretarías	aprietes	no	aprietes
ha apretado	había apretado	apretaría	apriete		apriete
hemos apretado	habíamos apretado	apretaríamos	apretemos		apretemos
han apretado	habían apretado	apretarían	aprieten		aprieten

CABER

Presente	Pretérito	Copretérito	Futuro	Gerundio
quepo	cupe	cabía	cabré	cabiendo
cabes	cupiste	cabías	cabrás	
cabe	cupo	cabía	cabrá	
cabemos	cupimos	cabíamos	cabremos	
caben	cupieron	cabían	cabrán	
Antepresente	**Antecopretérito**	**Pospretérito**	**Presente subjuntivo**	**Imperativo**
he cabido	había cabido	cabría	quepa	cabe
has cabido	habías cabido	cabrías	quepas	no quepas
ha cabido	había cabido	cabría	quepa	quepa
hemos cabido	habíamos cabido	cabríamos	quepamos	quepamos
han cabido	habían cabido	cabrían	quepan	quepan

CAER(SE)

Presente	Pretérito	Copretérito	Futuro	Gerundio
caigo	caí	caía	caeré	cayendo
caes	caíste	caías	caerás	
cae	cayó	caía	caerá	
caemos	caímos	caíamos	caeremos	
caen	cayeron	caían	caerán	
Antepresente	**Antecopretérito**	**Pospretérito**	**Presente subjuntivo**	**Imperativo**
he caído	había caído	caería	caiga	cae
has caído	habías caído	caerías	caigas	no caigas
ha caído	había caído	caería	caiga	caiga
hemos caído	habíamos caído	caeríamos	caigamos	caigamos
han caído	habían caído	caerían	caigan	caigan

CERRAR

Presente	Pretérito	Copretérito	Futuro	Gerundio
cierro	cerré	cerraba	cerraré	cerrando
cierras	cerraste	cerrabas	cerrarás	
cierra	cerró	cerraba	cerrará	
cerramos	cerramos	cerrábamos	cerraremos	
cierran	cerraron	cerraban	cerrarán	
Antepresente	Antecopretérito	Pospretérito	Presente subjuntivo	Imperativo
he cerrado	había cerrado	cerraría	cierre	cierra
has cerrado	habías cerrado	cerrarías	cierres	no cierres
ha cerrado	había cerrado	cerraría	cierre	cierre
hemos cerrado	habíamos cerrado	cerraríamos	cerremos	cerremos
han cerrado	habían cerrado	cerrarían	cierren	cierren

COMPONER

Presente	Pretérito	Copretérito	Futuro	Gerundio
compongo	compuse	componía	compondré	componiendo
compones	compusiste	componías	compondrás	
compone	compuso	componía	compondrá	
componemos	compusimos	componíamos	compondremos	
componen	compusieron	componían	compondrán	
Antepresente	Antecopretérito	Pospretérito	Presente subjuntivo	Imperativo
he compuesto	había compuesto	compondría	componga	compón
has compuesto	habías compuesto	compondrías	compongas	no compongas
ha compuesto	había compuesto	compondría	componga	componga
hemos compuesto	habíamos compuesto	compondríamos	compongamos	compongamos
han compuesto	habían compuesto	compondrían	compongan	compongan

CONCLUIR

Presente	Pretérito	Copretérito	Futuro	Gerundio
concluyo	concluí	concluía	concluiré	concluyendo
concluyes	concluiste	concluías	concluirás	
concluye	concluyó	concluía	concluirá	
concluimos	concluimos	concluíamos	concluiremos	
concluyen	concluyeron	concluían	concluirán	

Antepresente	Antecopretérito	Pospretérito	Presente subjuntivo	Imperativo	
he concluido	había concluido	concluiría	concluya		concluye
has concluido	habías concluido	concluirías	concluyas	no	concluyas
ha concluido	había concluido	concluiría	concluyas		concluya
hemos concluido	habíamos concluido	concluiríamos	concluyamos		concluyamos
han concluido	habían concluido	concluirían	concluyan		concluyan

CONOCER

Presente	Pretérito	Copretérito	Futuro	Gerundio
conozco	conocí	conocía	conoceré	conociendo
conoces	conociste	conocías	conocerás	
conoce	conoció	conocía	conocerá	
conocemos	conocimos	conocíamos	conoceremos	
conocen	conocieron	conocían	conocerán	

Antepresente	Antecopretérito	Pospretérito	Presente subjuntivo	Imperativo	
he conocido	había conocido	conocería	conozca		conoce
has conocido	habías conocido	conocerías	conozcas	no	conozcas
ha conocido	había conocido	conocería	conozca		conozca
hemos conocido	habíamos conocido	conoceríamos	conozcamos		conozcamos
han conocido	habían conocido	conocerían	conozcan		conozcan

CONSEGUIR

Presente	Pretérito	Copretérito	Futuro	Gerundio
consigo	conseguí	conseguía	conseguiré	consiguiendo
consigues	conseguiste	conseguías	conseguirás	
consigue	consiguió	conseguía	conseguirá	
conseguimos	conseguimos	conseguíamos	conseguiremos	
consiguen	consiguieron	conseguían	conseguirán	
Antepresente	**Antecopretérito**	**Pospretérito**	**Presente subjuntivo**	**Imperativo**
he conseguido	había conseguido	conseguiría	consiga	consigue
has conseguido	habías conseguido	conseguirías	consigas	no consigas
ha conseguido	había conseguido	conseguiría	consiga	consiga
hemos conseguido	habíamos conseguido	conseguiríamos	consigamos	consigamos
han conseguido	habían conseguido	conseguirían	consigan	consigan

CONSTITUIR

Presente	Pretérito	Copretérito	Futuro	Gerundio
constituyo	constituí	constituía	constituiré	constituyendo
constituyes	constituiste	constituías	constituirás	
constituye	constituyó	constituía	constituirá	
constituimos	constituimos	constituíamos	constituiremos	
constituyen	constituyeron	constituían	constituirán	
Antepresente	**Antecopretérito**	**Pospretérito**	**Presente subjuntivo**	**Imperativo**
he constituido	había constituido	constituiría	constituya	constituye
has constituido	habías constituido	constituirías	constituyas	no constituyas
ha constituido	había constituido	constituiría	constituya	constituya
hemos constituido	habíamos constituido	constituiríamos	constituyamos	constituyamos
han constituido	habían constituido	constituirían	constituyan	constituyan

CONSTRUIR

Presente	Pretérito	Copretérito	Futuro	Gerundio
construyo	construí	construía	construiré	construyendo
construyes	construiste	construías	construirás	
construye	construyó	construía	construirá	
construimos	construimos	construíamos	construiremos	
construyen	construyeron	construían	construirán	

Antepresente	Antecopretérito	Pospretérito	Presente subjuntivo	Imperativo
he construido	había construido	construiría	construya	construye
has construido	habías construido	construirías	construyas	no construyas
ha construido	había construido	construiría	construya	construya
hemos construido	habíamos construido	construiríamos	construyamos	construyamos
han construido	habían construido	construirían	construyan	construyan

CONTAR

Presente	Pretérito	Copretérito	Futuro	Gerundio
cuento	conté	contaba	contaré	contando
cuentas	contaste	contabas	contarás	
cuenta	contó	contaba	contará	
contamos	contamos	contábamos	contaremos	
cuentan	contaron	contaban	contarán	

Antepresente	Antecopretérito	Pospretérito	Presente subjuntivo	Imperativo
he contado	había contado	contaría	cuente	cuenta
has contado	habías contado	contarías	cuentes	no cuentes
ha contado	había contado	contaría	cuente	cuente
hemos contado	habíamos contado	contaríamos	contemos	contemos
han contado	habían contado	contarían	cuenten	cuenten

CONTRIBUIR

Presente	Pretérito	Copretérito	Futuro	Gerundio
contribuyo	contribuí	contribuía	contribuiré	contribuyendo
contribuyes	contribuiste	contribuías	contribuirás	
contribuye	contribuyó	contribuía	contribuirá	
contribuimos	contribuimos	contribuíamos	contribuiremos	
contribuyen	contribuyeron	contribuían	contribuirán	
Antepresente	**Antecopretérito**	**Pospretérito**	**Presente subjuntivo**	**Imperativo**
he contribuido	había contribuido	contribuiría	contribuya	contribuye
has contribuido	habías contribuido	contribuirías	contribuyas	no contribuyas
ha contribuido	había contribuido	contribuiría	contribuya	contribuya
hemos contribuido	habíamos contribuido	contribuiríamos	contribuyamos	contribuyamos
han contribuido	habían contribuido	contribuirían	contribuyan	contribuyan

CONVERTIR

Presente	Pretérito	Copretérito	Futuro	Gerundio
convierto	convertí	convertía	convertiré	convirtiendo
conviertes	convertiste	convertías	convertirás	
convierte	convirtió	convertía	convertirá	
convertimos	convertimos	convertíamos	convertiremos	
convierten	convirtieron	convertían	convertirán	
Antepresente	**Antecopretérito**	**Pospretérito**	**Presente subjuntivo**	**Imperativo**
he convertido	había convertido	convertiría	convierta	convierte
has convertido	habías convertido	convertirías	conviertas	no conviertas
ha convertido	había convertido	convertiría	convierta	convierta
hemos convertido	habíamos convertido	convertiríamos	convertamos	convertamos
han convertido	habían convertido	convertirían	conviertan	conviertan

DAR

Presente	Pretérito	Copretérito	Futuro	Gerundio
doy	di	daba	daré	dando
das	diste	dabas	darás	
da	dio	daba	dará	
damos	dimos	dábamos	daremos	
dan	dieron	daban	darán	
Antepresente	**Antecopretérito**	**Pospretérito**	**Presente subjuntivo**	**Imperativo**
he dado	había dado	daría	dé	da
has dado	habías dado	darías	des	no des
ha dado	había dado	daría	dé	dé
hemos dado	habíamos dado	daríamos	demos	demos
han dado	habían dado	darían	den	den

DECIR

Presente	Pretérito	Copretérito	Futuro	Gerundio
digo	dije	decía	diré	diciendo
dices	dijiste	decías	dirás	
dice	dijo	decía	dirá	
decimos	dijimos	decíamos	diremos	
dicen	dijeron	decían	dirán	
Antepresente	**Antecopretérito**	**Pospretérito**	**Presente subjuntivo**	**Imperativo**
he dicho	había dicho	diría	diga	di
has dicho	habías dicho	dirías	digas	no digas
ha dicho	había dicho	diría	diga	diga
hemos dicho	habíamos dicho	diríamos	digamos	digamos
han dicho	habían dicho	dirían	digan	digan

DEDUCIR

Presente	Pretérito	Copretérito	Futuro	Gerundio
deduzco	deduje	deducía	deduciré	deduciendo
deduces	dedujiste	deducías	deducirás	
deduce	dedujo	deducía	deducirá	
deducimos	dedujimos	deducíamos	deduciremos	
deducen	dedujeron	deducían	deducirán	

Antepresente	Antecopretérito	Pospretérito	Presente subjuntivo	Imperativo	
he deducido	había deducido	deduciría	deduzca		deduce
has deducido	habías deducido	deducirías	deduzcas	no	deduzcas
ha deducido	había deducido	deduciría	deduzca		deduzca
hemos deducido	habíamos deducido	deduciríamos	deduzcamos		deduzcamos
han deducido	habían deducido	deducirían	deduzcan		deduzcan

DESAPARECER

Presente	Pretérito	Copretérito	Futuro
desaparezco	desaparecí	desaparecía	desapareceré
desapareces	desapareciste	desaparecías	desaparecerás
desaparece	desapareció	desaparecía	desaparecerá
desaparecemos	desaparecimos	desaparecíamos	desapareceremos
desaparecen	desaparecieron	desaparecían	desaparecerán

Antepresente	Antecopretérito	Pospretérito	Presente subjuntivo
he desaparecido	había desaparecido	desaparecería	desaparezca
has desaparecido	habías desaparecido	desaparecerías	desaparezcas
ha desaparecido	había desaparecido	desaparecería	desaparezca
hemos desaparecido	habíamos desaparecido	desapareceríamos	desaparezcamos
han desaparecido	habían desaparecido	desaparecerían	desaparezcan

Imperativo		Gerundio		
	desaparece	desapareciendo		
no	desaparezcas			
	desaparezca			
	desaparezcamos			
	desaparezcan			

DESCOMPONER

Presente	Pretérito	Copretérito	Futuro
descompongo	descompuse	descomponía	descompondré
descompones	descompusiste	descomponías	descompondrás
descompone	descompuso	descomponía	descompondrá
descomponemos	descompusimos	descomponíamos	descompondremos
descomponen	descompusieron	descomponían	descompondrán
Antepresente	**Antecopretérito**	**Pospretérito**	**Presente subjuntivo**
he descompuesto	había descompuesto	descompondría	descomponga
has descompuesto	habías descompuesto	descompondrías	descompongas
ha descompuesto	había descompuesto	descompondría	descomponga
hemos descompuesto	habíamos descompuesto	descompondríamos	descompongamos
han descompuesto	habían descompuesto	descompondrían	descompongan
Imperativo	**Gerundio**		
descompón no descompongas descomponga descompongamos descompongan	descomponiendo		

DESHACER

Presente	Pretérito	Copretérito	Futuro	Gerundio
deshago	deshice	deshacía	desharé	deshaciendo
deshaces	deshiciste	deshacías	desharás	
deshace	deshizo	deshacía	deshará	
deshacemos	deshicimos	deshacíamos	desharemos	
deshacen	deshicieron	deshacían	desharán	
Antepresente	**Antecopretérito**	**Pospretérito**	**Presente subjuntivo**	**Imperativo**
he deshecho	había deshecho	desharía	deshaga	deshaz
has deshecho	habías deshecho	desharías	deshagas	no deshagas
ha deshecho	había deshecho	desharía	deshaga	deshaga
hemos deshecho	habíamos deshecho	desharíamos	deshagamos	deshagamos
han deshecho	habían deshecho	desharían	deshagan	deshagan

DESPEDIR(SE)

Presente	Pretérito	Copretérito	Futuro	Gerundio
despido	despedí	despedía	despediré	despidiendo
despides	despediste	despedías	despedirás	
despide	despidió	despedía	despedirá	
despedimos	despedimos	despedíamos	despediremos	
despiden	despidieron	despedían	despedirán	

Antepresente	Antecopretérito	Pospretérito	Presente subjuntivo	Imperativo	
he despedido	había despedido	despediría	despida		despide
has despedido	habías despedido	despedirías	despidas	no	despidas
ha despedido	había despedido	despediría	despida		despida
hemos despedido	habíamos despedido	despediríamos	despidamos		despidamos
han despedido	habían despedido	despedirían	despidan		despidan

DESPERTAR(SE)

Presente	Pretérito	Copretérito	Futuro	Gerundio
despierto	desperté	despertaba	despertaré	despertando
despiertas	despertaste	despertabas	despertarás	
despierta	despertó	despertaba	despertará	
despertamos	despertamos	despertábamos	despertaremos	
despiertan	despertaron	despertaban	despertarán	

Antepresente	Antecopretérito	Pospretérito	Presente subjuntivo	Imperativo	
he despertado	había despertado	despertaría	despierte		despierta
has despertado	habías despertado	despertarías	despiertes	no	despiertes
ha despertado	había despertado	despertaría	despierte		despierte
hemos despertado	habíamos despertado	despertaríamos	despertemos		despertemos
han despertado	habían despertado	despertarían	despierten		despierten

DESTRUIR

Presente	Pretérito	Copretérito	Futuro	Gerundio
destruyo	destruí	destruía	destruiré	destruyendo
destruyes	destruiste	destruías	destruirás	
destruye	destruyó	destruía	destruirá	
destruimos	destruimos	destruíamos	destruiremos	
destruyen	destruyeron	destruían	destruirán	

Antepresente	Antecopretérito	Pospretérito	Presente subjuntivo	Imperativo	
he destruido	había destruido	destruiría	destruya		destruye
has destruido	habías destruido	destruirías	destruyas	no	destruyas
ha destruido	había destruido	destruiría	destruya		destruya
hemos destruido	habíamos destruido	destruiríamos	destruyamos		destruyamos
han destruido	habían destruido	destruirían	destruyan		destruyan

DETENER

Presente	Pretérito	Copretérito	Futuro	Gerundio
detengo	detuve	detenía	detendré	deteniendo
detienes	detuviste	detenías	detendrás	
detiene	detuvo	detenía	detendrá	
detenemos	detuvimos	deteníamos	detendremos	
detienen	detuvieron	detenían	detendrán	

Antepresente	Antecopretérito	Pospretérito	Presente subjuntivo	Imperativo	
he detenido	había detenido	detendría	detenga		detén
has detenido	habías detenido	detendrías	detengas	no	detengas
ha detenido	había detenido	detendría	detenga		detenga
hemos detenido	habíamos detenido	detendríamos	detengamos		detengamos
han detenido	habían detenido	detendrían	detengan		detengan

DEVOLVER

Presente	Pretérito	Copretérito	Futuro	Gerundio
devuelvo	devolví	devolvía	devolveré	devolviendo
devuelves	devolviste	devolvías	devolverás	
devuelve	devolvió	devolvía	devolverá	
devolvemos	devolvimos	devolvíamos	devolveremos	
devuelven	devolvieron	devolvían	devolverán	
Antepresente	**Antecopretérito**	**Pospretérito**	**Presente subjuntivo**	**Imperativo**
he devuelto	había devuelto	devolvería	devuelva	devuelve
has devuelto	habías devuelto	devolverías	devuelvas	no devuelvas
ha devuelto	había devuelto	devolvería	devuelva	devuelva
hemos devuelto	habíamos devuelto	devolveríamos	devolvamos	devolvamos
han devuelto	habían devuelto	devolverían	devuelvan	devuelvan

DISTRIBUIR

Presente	Pretérito	Copretérito	Futuro	Gerundio
distribuyo	distribuí	distribuía	distribuiré	distribuyendo
distribuyes	distribuiste	distribuías	distribuirás	
distribuye	distribuyó	distribuía	distribuirá	
distribuimos	distribuimos	distribuíamos	distribuiremos	
distribuyen	distribuyeron	distribuían	distribuirán	
Antepresente	**Antecopretérito**	**Pospretérito**	**Presente subjuntivo**	**Imperativo**
he distribuido	había distribuido	distribuiría	distribuya	distribuye
has distribuido	habías distribuido	distribuirías	distribuyas	no distribuyas
ha distribuido	había distribuido	distribuiría	distribuya	distribuya
hemos distribuido	habíamos distribuido	distribuiríamos	distribuyamos	distribuyamos
han distribuido	habían distribuido	distribuirían	distribuyan	distribuyan

DORMIR

Presente	Pretérito	Copretérito	Futuro	Gerundio
duermo	dormí	dormía	dormiré	durmiendo
duermes	dormiste	dormías	dormirás	
duerme	durmió	dormía	dormirá	
dormimos	dormimos	dormíamos	dormiremos	
duermen	durmieron	dormían	dormirán	

Antepresente	Antecopretérito	Pospretérito	Presente subjuntivo	Imperativo	
he dormido	había dormido	dormiría	duerma		duerme
has dormido	habías dormido	dormirías	duermas	no	duermas
ha dormido	había dormido	dormiría	duerma		duerma
hemos dormido	habíamos dormido	dormiríamos	durmamos		durmamos
han dormido	habían dormido	dormirían	duerman		duerman

EMPEZAR

Presente	Pretérito	Copretérito	Futuro	Gerundio
empiezo	empecé	empezaba	empezaré	empezando
empiezas	empezaste	empezabas	empezarás	
empieza	empezó	empezaba	empezará	
empezamos	empezamos	empezábamos	empezaremos	
empiezan	empezaron	empezaban	empezarán	

Antepresente	Antecopretérito	Pospretérito	Presente subjuntivo	Imperativo	
he empezado	había empezado	empezaría	empiece		empieza
has empezado	habías empezado	empezarías	empieces	no	empieces
ha empezado	había empezado	empezaría	empiece		empiece
hemos empezado	habíamos empezado	empezaríamos	empecemos		empecemos
han empezado	habían empezado	empezarían	empiecen		empiecen

ENCENDER

Presente	Pretérito	Copretérito	Futuro	Gerundio
enciendo	encendí	encendía	encenderé	encendiendo
enciendes	encendiste	encendías	encenderás	
enciende	encendió	encendía	encenderá	
encendemos	encendimos	encendíamos	encenderemos	
encienden	encendieron	encendían	encenderán	

Antepresente	Antecopretérito	Pospretérito	Presente subjuntivo	Imperativo	
he encendido	había encendido	encendería	encienda		enciende
has encendido	habías encendido	encenderías	enciendas	no	enciendas
ha encendido	había encendido	encendería	encienda		encienda
hemos encendido	habíamos encendido	encenderíamos	encendamos		encendamos
han encendido	habían encendido	encenderían	enciendan		enciendan

ENCONTRAR

Presente	Pretérito	Copretérito	Futuro	Gerundio
encuentro	encontré	encontraba	encontraré	encontrando
encuentras	encontraste	encontrabas	encontrarás	
encuentra	encontró	encontraba	encontrará	
encontramos	encontramos	encontrábamos	encontraremos	
encuentran	encontraron	encontraban	encontrarán	

Antepresente	Antecopretérito	Pospretérito	Presente subjuntivo	Imperativo	
he encontrado	había encontrado	encontraría	encuentre		encuentra
has encontrado	habías encontrado	encontrarías	encuentres	no	encuentres
ha encontrado	había encontrado	encontraría	encuentre		encuentre
hemos encontrado	habíamos encontrado	encontraríamos	encontremos		encontremos
han encontrado	habían encontrado	encontrarían	encuentren		encuentren

ENTENDER

Presente	Pretérito	Copretérito	Futuro	Gerundio
entiendo	entendí	entendía	entenderé	entendiendo
entiendes	entendiste	entendías	entenderás	
entiende	entendió	entendía	entenderá	
entendemos	entendimos	entendíamos	entenderemos	
entienden	entendieron	entendían	entenderán	

Antepresente	Antecopretérito	Pospretérito	Presente subjuntivo	Imperativo	
he entendido	había entendido	entendería	entienda		entiende
has entendido	habías entendido	entenderías	entiendas	no	entiendas
ha entendido	había entendido	entendería	entienda		entienda
hemos entendido	habíamos entendido	entenderíamos	entendamos		entendamos
han entendido	habían entendido	entenderían	entiendan		entiendan

ESTABLECER

Presente	Pretérito	Copretérito	Futuro	Gerundio
establezco	establecí	establecía	estableceré	estableciendo
estableces	estableciste	establecías	establecerás	
establece	estableció	establecía	establecerá	
establecemos	establecimos	establecíamos	estableceremos	
establecen	establecieron	establecían	establecerán	

Antepresente	Antecopretérito	Pospretérito	Presente subjuntivo	Imperativo	
he establecido	había establecido	establecería	establezca		establece
has establecido	habías establecido	establecerías	establezcas	no	establezcas
ha establecido	había establecido	establecería	establezca		establezca
hemos establecido	habíamos establecido	estableceríamos	establezcamos		establezcamos
han establecido	habían establecido	establecerían	establezcan		establezcan

ESTAR

Presente	Pretérito	Copretérito	Futuro	Gerundio
estoy	estuve	estaba	estaré	estando
estás	estuviste	estabas	estarás	
está	estuvo	estaba	estará	
estamos	estuvimos	estábamos	estaremos	
están	estuvieron	estaban	estarán	
Antepresente	**Antecopretérito**	**Pospretérito**	**Presente subjuntivo**	**Imperativo**
he estado	había estado	estaría	esté	está
has estado	habías estado	estarías	estés	no estés
ha estado	había estado	estaría	esté	esté
hemos estado	habíamos estado	estaríamos	estemos	estemos
han estado	habían estado	estarían	estén	estén

EXCLUIR

Presente	Pretérito	Copretérito	Futuro	Gerundio
excluyo	excluí	excluía	excluiré	excluyendo
excluyes	excluiste	excluías	excluirás	
excluye	excluyó	excluía	excluirá	
excluimos	excluimos	excluíamos	excluiremos	
excluyen	excluyeron	excluían	excluirán	
Antepresente	**Antecopretérito**	**Pospretérito**	**Presente subjuntivo**	**Imperativo**
he excluido	había excluido	excluiría	excluya	excluye
has excluido	habías excluido	excluirías	excluyas	no excluyas
ha excluido	había excluido	excluiría	excluya	excluya
hemos excluido	habíamos excluido	excluiríamos	excluyamos	excluyamos
han excluido	habían excluido	excluirían	excluyan	excluyan

HABER

Presente	Pretérito	Copretérito	Futuro	Gerundio
he	hube	había	habré	habiendo
has	hubiste	habías	habrás	
ha*	hubo	había	habrá	
hemos	hubimos	habíamos	habremos	
han	hubieron	habían	habrán	

Antepresente	Antecopretérito	Pospretérito	Presente subjuntivo	Imperativo
he habido	había habido	habría	haya	he
has habido	habías habido	habrías	hayas	no he
ha habido	había habido	habría	haya	haya
hemos habido	habíamos habido	habríamos	hayamos	hayamos
han habido	habían habido	habrían	hayan	hayan

HACER

Presente	Pretérito	Copretérito	Futuro	Gerundio
hago	hice	hacía	haré	haciendo
haces	hiciste	hacías	harás	
hace	hizo	hacía	hará	
hacemos	hicimos	hacíamos	haremos	
hacen	hicieron	hacían	harán	

Antepresente	Antecopretérito	Pospretérito	Presente subjuntivo	Imperativo
he hecho	había hecho	haría	haga	haz
has hecho	habías hecho	harías	hagas	no hagas
ha hecho	había hecho	haría	haga	haga
hemos hecho	habíamos hecho	haríamos	hagamos	hagamos
han hecho	habían hecho	harían	hagan	hagan

---

*Cuando este verbo se usa impersonalmente, la tercera persona del singular es *hay*.

HUIR

Presente	Pretérito	Copretérito	Futuro	Gerundio
huyo	huí	huía	huiré	huyendo
huyes	huiste	huías	huirás	
huye	huyó	huía	huirá	
huimos	huimos	huíamos	huiremos	
huyen	huyeron	huían	huirán	

Antepresente	Antecopretérito	Pospretérito	Presente subjuntivo	Imperativo	
he huido	había huido	huiría	huya		huye
has huido	habías huido	huirías	huyas	no	huyas
ha huido	había huido	huiría	huya		huya
hemos huido	habíamos huido	huiríamos	huyamos		huyamos
han huido	habían huido	huirían	huyan		huyan

IMPEDIR

Presente	Pretérito	Copretérito	Futuro	Gerundio
impido	impedí	impedía	impediré	impidiendo
impides	impediste	impedías	impedirás	
impide	impidió	impedía	impedirá	
impedimos	impedimos	impedíamos	impediremos	
impiden	impidieron	impedían	impedirán	

Antepresente	Antecopretérito	Pospretérito	Presente subjuntivo	Imperativo	
he impedido	había impedido	impediría	impida		impide
has impedido	habías impedido	impedirías	impidas	no	impidas
ha impedido	había impedido	impediría	impida		impida
hemos impedido	habíamos impedido	impediríamos	impidamos		impidamos
han impedido	habían impedido	impedirían	impidan		impidan

INCLUIR

Presente	Pretérito	Copretérito	Futuro	Gerundio
incluyo	incluí	incluía	incluiré	incluyendo
incluyes	incluiste	incluías	incluirás	
incluye	incluyó	incluía	incluirá	
incluimos	incluimos	incluíamos	incluiremos	
incluyen	incluyeron	incluían	incluirán	

Antepresente	Antecopretérito	Pospretérito	Presente subjuntivo	Imperativo	
he incluido	había incluido	incluiría	incluya		incluye
has incluido	habías incluido	incluirías	incluyas	no	incluyas
ha incluido	había incluido	incluiría	incluya		incluya
hemos incluido	habíamos incluido	incluiríamos	incluyamos		incluyamos
han incluido	habían incluido	incluirían	incluyan		incluyan

INFLUIR

Presente	Pretérito	Copretérito	Futuro	Gerundio
influyo	influí	influía	influiré	influyendo
influyes	influiste	influías	influirás	
influye	influyó	influía	influirá	
influimos	influimos	influíamos	influiremos	
influyen	influyeron	influían	influirán	

Antepresente	Antecopretérito	Pospretérito	Presente subjuntivo	Imperativo	
he influido	había influido	influiría	influya		influye
has influido	habías influido	influirías	influyas	no	influyas
ha influido	había influido	influiría	influya		influya
hemos influido	habíamos influido	influiríamos	influyamos		influyamos
han influido	habían influido	influirían	influyan		influyan

INSTRUIR

Presente	Pretérito	Copretérito	Futuro	Gerundio
instruyo	instruí	instruía	instruiré	instruyendo
instruyes	instruiste	instruías	instruirás	
instruye	instruyó	instruía	instruirá	
instruimos	instruimos	instruíamos	instruiremos	
instruyen	instruyeron	instruían	instruirán	

Antepresente	Antecopretérito	Pospretérito	Presente subjuntivo	Imperativo	
he instruido	había instruido	instruiría	instruya		instruye
has instruido	habías instruido	instruirías	instruyas	no	instruyas
ha instruido	había instruido	instruiría	instruya		instruya
hemos instruido	habíamos instruido	instruiríamos	instruyamos		instruyamos
han instruido	habían instruido	instruirían	instruyan		instruyan

INVERTIR

Presente	Pretérito	Copretérito	Futuro	Gerundio
invierto	invertí	invertía	invertiré	invirtiendo
inviertes	invertiste	invertías	invertirás	
invierte	invirtió	invertía	invertirá	
invertimos	invertimos	invertíamos	invertiremos	
invierten	invirtieron	invertían	invertirán	

Antepresente	Antecopretérito	Pospretérito	Presente subjuntivo	Imperativo	
he invertido	había invertido	invertiría	invierta		invierte
has invertido	habías invertido	invertirías	inviertas	no	inviertas
ha invertido	había invertido	invertiría	invierta		invierta
hemos invertido	habíamos invertido	invertiríamos	invirtamos		invirtamos
han invertido	habían invertido	invertirían	inviertan		inviertan

IR

Presente	Pretérito	Copretérito	Futuro	Gerundio
voy	fui	iba	iré	yendo
vas	fuiste	ibas	irás	
va	fue	iba	irá	
vamos	fuimos	íbamos	iremos	
van	fueron	iban	irán	
Antepresente	**Antecopretérito**	**Pospretérito**	**Presente subjuntivo**	**Imperativo**
he ido	había ido	iría	vaya	ve
has ido	habías ido	irías	vayas	no vayas
ha ido	había ido	iría	vaya	vaya
hemos ido	habíamos ido	iríamos	vayamos	vayamos
han ido	habían ido	irían	vayan	vayan

JUGAR

Presente	Pretérito	Copretérito	Futuro	Gerundio
juego	jugué	jugaba	jugaré	jugando
juegas	jugaste	jugabas	jugarás	
juega	jugó	jugaba	jugará	
jugamos	jugamos	jugábamos	jugaremos	
juegan	jugaron	jugaban	jugarán	
Antepresente	**Antecopretérito**	**Pospretérito**	**Presente subjuntivo**	**Imperativo**
he jugado	había jugado	jugaría	juegue	juega
has jugado	habías jugado	jugarías	juegues	no juegues
ha jugado	había jugado	jugaría	juegue	juegue
hemos jugado	habíamos jugado	jugaríamos	juguemos	juguemos
han jugado	habían jugado	jugarían	jueguen	jueguen

LLOVER

Presente	Pretérito	Copretérito	Futuro	Gerundio
llueve	llovió	llovía	lloverá	lloviendo
Antepresente	Antecopretérito	Pospretérito	Presente subjuntivo	Imperativo
ha llovido	había llovido	llovería	llueva	

MENTIR

Presente	Pretérito	Copretérito	Futuro	Gerundio	
miento	mentí	mentía	mentiré	mintiendo	
mientes	mentiste	mentías	mentirás		
miente	mintió	mentía	mentirá		
mentimos	mentimos	mentíamos	mentiremos		
mienten	mintieron	mentían	mentirán		
Antepresente	Antecopretérito	Pospretérito	Presente subjuntivo	Imperativo	
he mentido	había mentido	mentiría	mienta		miente
has mentido	habías mentido	mentirías	mientas	no	mientas
ha mentido	había mentido	mentiría	mienta		mienta
hemos mentido	habíamos mentido	mentiríamos	mintamos		mintamos
han mentido	habían mentido	mentirían	mientan		mientan

MERECER

Presente	Pretérito	Copretérito	Futuro	Gerundio
merezco	merecí	merecía	mereceré	mereciendo
mereces	mereciste	merecías	merecerás	
merece	mereció	merecía	merecerá	
merecemos	merecimos	merecíamos	mereceremos	
merecen	merecieron	merecían	merecerán	

Antepresente	Antecopretérito	Pospretérito	Presente subjuntivo	Imperativo	
he merecido	había merecido	merecería	merezca		merece
has merecido	habías merecido	merecerías	merezcas	no	merezcas
ha merecido	había merecido	merecería	merezca		merezca
hemos merecido	habíamos merecido	mereceríamos	merezcamos		merezcamos
han merecido	habían merecido	merecerían	merezcan		merezcan

MOLER

Presente	Pretérito	Copretérito	Futuro	Gerundio
muelo	molí	molía	moleré	moliendo
mueles	moliste	molías	molerás	
muele	molió	molía	molerá	
molemos	molimos	molíamos	moleremos	
muelen	molieron	molían	molerán	

Antepresente	Antecopretérito	Pospretérito	Presente subjuntivo	Imperativo	
he molido	había molido	molería	muela		muele
has molido	habías molido	molerías	muelas	no	muelas
ha molido	había molido	molería	muela		muela
hemos molido	habíamos molido	moleríamos	molamos		molamos
han molido	habían molido	molerían	muelan		muelan

MORIR

Presente	Pretérito	Copretérito	Futuro	Gerundio
muero	morí	moría	moriré	muriendo
mueres	moriste	morías	morirás	
muere	murió	moría	morirá	
morimos	morimos	moríamos	moriremos	
mueren	murieron	morían	morirán	

Antepresente	Antecopretérito	Pospretérito	Presente subjuntivo	Imperativo	
he muerto	había muerto	moriría	muera		muere
has muerto	habías muerto	morirías	mueras	no	mueras
ha muerto	había muerto	moriría	muera		muera
hemos muerto	habíamos muerto	moriríamos	muramos		muramos
han muerto	habían muerto	morirían	mueran		mueran

NEGAR

Presente	Pretérito	Copretérito	Futuro	Gerundio
niego	negué	negaba	negaré	negando
niegas	negaste	negabas	negarás	
niega	negó	negaba	negará	
negamos	negamos	negábamos	negaremos	
niegan	negaron	negaban	negarán	

Antepresente	Antecopretérito	Pospretérito	Presente subjuntivo	Imperativo	
he negado	había negado	negaría	niegue		niega
has negado	habías negado	negarías	niegues	no	niegues
ha negado	había negado	negaría	niegue		niegue
hemos negado	habíamos negado	negaríamos	neguemos		neguemos
han negado	habían negado	negarían	nieguen		nieguen

NEVAR

Presente	Pretérito	Copretérito	Futuro	Gerundio
nieva	nevó	nevaba	nevará	nevando
Antepresente	**Antecopretérito**	**Pospretérito**	**Presente subjuntivo**	**Imperativo**
ha nevado	había nevado	nevaría	nieve	

OBEDECER

Presente	Pretérito	Copretérito	Futuro	Gerundio
obedezco	obedecí	obedecía	obedeceré	obedeciendo
obedeces	obedeciste	obedecías	obedecerás	
obedece	obedeció	obedecía	obedecerá	
obedecemos	obedecimos	obedecíamos	obedeceremos	
obedecen	obedecieron	obedecían	obedecerán	
Antepresente	**Antecopretérito**	**Pospretérito**	**Presente subjuntivo**	**Imperativo**
he obedecido	había obedecido	obedecería	obedezca	obedece
has obedecido	habías obedecido	obedecerías	obedezcas	no obedezcas
ha obedecido	había obedecido	obedecería	obedezca	obedezca
hemos obedecido	habíamos obedecido	obedeceríamos	obedezcamos	obedezcamos
han obedecido	habían obedecido	obedecerían	obedezcan	obedezcan

OÍR

Presente	Pretérito	Copretérito	Futuro	Gerundio
oigo	oí	oía	oiré	oyendo
oyes	oíste	oías	oirás	
oye	oyó	oía	oirá	
oímos	oímos	oíamos	oiremos	
oyen	oyeron	oían	oirán	

Antepresente	Antecopretérito	Pospretérito	Presente subjuntivo	Imperativo	
he oído	había oído	oiría	oiga		oye
has oído	habías oído	oirías	oigas	no	oigas
ha oído	había oído	oiría	oiga		oiga
hemos oído	habíamos oído	oiríamos	oigamos		oigamos
han oído	habían oído	oirían	oigan		oigan

OLER

Presente	Pretérito	Copretérito	Futuro	Gerundio
huelo	olí	olía	oleré	oliendo
hueles	oliste	olías	olerás	
huele	olió	olía	olerá	
olemos	olimos	olíamos	oleremos	
huelen	olieron	olían	olerán	

Antepresente	Antecopretérito	Pospretérito	Presente subjuntivo	Imperativo	
he olido	había olido	olería	huela		huele
has olido	habías olido	olerías	huelas	no	huelas
ha olido	había olido	olería	huela		huela
hemos olido	habíamos olido	oleríamos	olamos		olamos
han olido	habían olido	olerían	huelan		huelan

PARECER

Presente	Pretérito	Copretérito	Futuro	Gerundio
parezco	parecí	parecía	pareceré	pareciendo
pareces	pareciste	parecías	parecerás	
parece	pareció	parecía	parecerá	
parecemos	parecimos	parecíamos	pareceremos	
parecen	parecieron	parecían	parecerán	
Antepresente	**Antecopretérito**	**Pospretérito**	**Presente subjuntivo**	**Imperativo**
he parecido	había parecido	parecería	parezca	parece
has parecido	habías parecido	parecerías	parezcas	no parezcas
ha parecido	había parecido	parecería	parezca	parezca
hemos parecido	habíamos parecido	pareceríamos	parezcamos	parezcamos
han parecido	habían parecido	parecerían	parezcan	parezcan

PEDIR

Presente	Pretérito	Copretérito	Futuro	Gerundio
pido	pedí	pedía	pediré	pidiendo
pides	pediste	pedías	pedirás	
pide	pidió	pedía	pedirá	
pedimos	pedimos	pedíamos	pediremos	
piden	pidieron	pedían	pedirán	
Antepresente	**Antecopretérito**	**Pospretérito**	**Presente subjuntivo**	**Imperativo**
he pedido	había pedido	pediría	pida	pide
has pedido	habías pedido	pedirías	pidas	no pidas
ha pedido	había pedido	pediría	pida	pida
hemos pedido	habíamos pedido	pediríamos	pidamos	pidamos
han pedido	habían pedido	pedirían	pidan	pidan

PENSAR

Presente	Pretérito	Copretérito	Futuro	Gerundio
pienso	pensé	pensaba	pensaré	pensando
piensas	pensaste	pensabas	pensarás	
piensa	pensó	pensaba	pensará	
pensamos	pensamos	pensábamos	pensaremos	
piensan	pensaron	pensaban	pensarán	

Antepresente	Antecopretérito	Pospretérito	Presente subjuntivo	Imperativo	
he pensado	había pensado	pensaría	piense		piensa
has pensado	habías pensado	pensarías	pienses	no	pienses
ha pensado	había pensado	pensaría	piense		piense
hemos pensado	habíamos pensado	pensaríamos	pensemos		pensemos
han pensando	habían pensado	pensarían	piensen		piensen

PERDER

Presente	Pretérito	Copretérito	Futuro	Gerundio
pierdo	perdí	perdía	perderé	perdiendo
pierdes	perdiste	perdías	perderás	
pierde	perdió	perdía	perderá	
perdemos	perdimos	perdíamos	perderemos	
pierden	perdieron	perdían	perderán	

Antepresente	Antecopretérito	Pospretérito	Presente subjuntivo	Imperativo	
he perdido	había perdido	perdería	pierda		pierde
has perdido	habías perdido	perderías	pierdas	no	pierdas
ha perdido	había perdido	perdería	pierda		pierda
hemos perdido	habíamos perdido	perderíamos	perdamos		perdamos
han perdido	habían perdido	perderían	pierdan		pierdan

PERMANECER

Presente	Pretérito	Copretérito	Futuro
permanezco	permanecí	permanecía	permaneceré
permaneces	permaneciste	permanecías	permanecerás
permanece	permaneció	permanecía	permanecerá
permanecemos	permanecimos	permanecíamos	permaneceremos
permanecen	permanecieron	permanecían	permanecerán
Gerundio	**Antepresente**	**Antecopretérito**	**Pospretérito**
permaneciendo	he permanecido	había permanecido	permanecería
	has permanecido	habías permanecido	permanecerías
	ha permanecido	había permanecido	permanecería
	hemos permanecido	habíamos permanecido	permaneceríamos
	han permanecido	habían permanecido	permanecerían
Presente subjuntivo	**Imperativo**		
permanezca	permanece		
permanezcas	no permanezcas		
permanezca	permanezca		
permanezcamos	permanezcamos		
permanezcan	permanezcan		

PERTENECER

Presente	Pretérito	Copretérito	Futuro	Gerundio
pertenezco	pertenecí	pertenecía	perteneceré	perteneciendo
perteneces	perteneciste	pertenecías	pertenecerás	
pertenece	perteneció	pertenecía	pertenecerá	
pertenecemos	pertenecimos	pertenecíamos	perteneceremos	
pertenecen	pertenecieron	pertenecían	pertenecerán	
Antepresente	**Antecopretérito**	**Pospretérito**	**Presente subjuntivo**	**Imperativo**
he pertenecido	había pertenecido	pertenecería	pertenezca	pertenece
has pertenecido	habías pertenecido	pertenecerías	pertenezcas	no pertenezcas
ha pertenecido	había pertenecido	pertenecería	pertenezca	pertenezca
hemos pertenecido	habíamos pertenecido	perteneceríamos	pertenezcamos	pertenezcamos
han pertenecido	habían pertenecido	pertenecerían	pertenezcan	pertenezcan

PODER

Presente	Pretérito	Copretérito	Futuro	Gerundio
puedo	pude	podía	podré	pudiendo
puedes	pudiste	podías	podrás	
puede	pudo	podía	podrá	
podemos	pudimos	podíamos	podremos	
pueden	pudieron	podían	podrán	

Antepresente	Antecopretérito	Pospretérito	Presente subjuntivo	Imperativo	
he podido	había podido	podría	pueda		puede
has podido	habías podido	podrías	puedas	no	puedas
ha podido	había podido	podría	pueda		pueda
hemos podido	habíamos podido	podríamos	podamos		podamos
han podido	habían podido	podrían	puedan		puedan

PONER

Presente	Pretérito	Copretérito	Futuro	Gerundio
pongo	puse	ponía	pondré	poniendo
pones	pusiste	ponías	pondrás	
pone	puso	ponía	pondrá	
ponemos	pusimos	poníamos	pondremos	
ponen	pusieron	ponían	pondrán	

Antepresente	Antecopretérito	Pospretérito	Presente subjuntivo	Imperativo	
he puesto	había puesto	pondrían	ponga		pon
has puesto	habías puesto	pondrías	pongas	no	pongas
ha puesto	había puesto	pondría	ponga		ponga
hemos puesto	habíamos puesto	pondríamos	pongamos		pongamos
han puesto	habían puesto	pondrían	pongan		pongan

PREFERIR

Presente	Pretérito	Copretérito	Futuro	Gerundio
prefiero	preferí	prefería	preferiré	prefiriendo
prefieres	preferiste	preferías	preferirás	
prefiere	prefirió	prefería	preferirá	
preferimos	preferimos	preferíamos	preferiremos	
prefieren	prefirieron	preferían	preferirán	

Antepresente	Antecopretérito	Pospretérito	Presente subjuntivo	Imperativo	
he preferido	había preferido	preferiría	prefiera		prefiere
has preferido	habías preferido	preferirías	prefieras	no	prefieras
ha preferido	había preferido	preferiría	prefiera		prefiera
hemos preferido	habíamos preferido	preferiríamos	prefiramos		prefiramos
han preferido	habían preferido	preferirían	prefieran		prefieran

PRODUCIR

Presente	Pretérito	Copretérito	Futuro	Gerundio
produzco	produje	producía	produciré	produciendo
produces	produjiste	producías	producirás	
produce	produjo	producía	producirá	
producimos	produjimos	producíamos	produciremos	
producen	produjeron	producían	producirán	

Antepresente	Antecopretérito	Pospretérito	Presente subjuntivo	Imperativo	
he producido	había producido	produciría	produzca		produce
has producido	habías producido	producirías	produzcas	no	produzcas
ha producido	había producido	produciría	produzca		produzca
hemos producido	habíamos producido	produciríamos	produzcamos		produzcamos
han producido	habían producido	producirían	produzcan		produzcan

QUERER

Presente	Pretérito	Copretérito	Futuro	Gerundio
quiero	quise	quería	querré	queriendo
quieres	quisiste	querías	querrás	
quiere	quiso	quería	querrá	
queremos	quisimos	queríamos	querremos	
quieren	quisieron	querían	querrán	

Antepresente	Antecopretérito	Pospretérito	Presente subjuntivo	Imperativo	
he querido	había querido	querría	quiera		quiere
has querido	habías querido	querrías	quieras	no	quieras
ha querido	había querido	querría	quiera		quiera
hemos querido	habíamos querido	querríamos	queramos		queramos
han querido	habían querido	querrían	quieran		quieran

RECONOCER

Presente	Pretérito	Copretérito	Futuro	Gerundio
reconozco	reconocí	reconocía	reconoceré	reconociendo
reconoces	reconociste	reconocías	reconocerás	
reconoce	reconoció	reconocía	reconocerá	
reconocemos	reconocimos	reconocíamos	reconoceremos	
reconocen	reconocieron	reconocían	reconocerán	

Antepresente	Antecopretérito	Pospretérito	Presente subjuntivo	Imperativo	
he reconocido	había reconocido	reconocería	reconozca		reconoce
has reconocido	habías reconocido	reconocerías	reconozcas	no	reconozcas
ha reconocido	había reconocido	reconocería	reconozca		reconozca
hemos reconocido	habíamos reconocido	reconoceríamos	reconozcamos		reconozcamos
han reconocido	habían reconocido	reconocerían	reconozcan		reconozcan

RECORDAR

Presente	Pretérito	Copretérito	Futuro	Gerundio
recuerdo	recordé	recordaba	recordaré	recordando
recuerdas	recordaste	recordabas	recordarás	
recuerda	recordó	recordaba	recordará	
recordamos	recordamos	recordábamos	recordaremos	
recuerdan	recordaron	recordaban	recordarán	
Antepresente	**Antecopretérito**	**Pospretérito**	**Presente subjuntivo**	**Imperativo**
he recordado	había recordado	recordaría	recuerde		recuerda
has recordado	habías recordado	recordarías	recuerdes	no	recuerdes
ha recordado	había recordado	recordaría	recuerde		recuerde
hemos recordado	habíamos recordado	recordaríamos	recordemos		recordemos
han recordado	habían recordado	recordarían	recuerden		recuerden

REÍR(SE)

Presente	Pretérito	Copretérito	Futuro	Gerundio
río	reí	reía	reiré	riendo
ríes	reíste	reías	reirás	
ríe	rió	reía	reirá	
reímos	reímos	reíamos	reiremos	
ríen	rieron	reían	reirán	
Antepresente	**Antecopretérito**	**Pospretérito**	**Presente subjuntivo**	**Imperativo**
he reído	había reído	reiría	ría		ríe
has reído	habías reído	reirías	rías	no	rías
ha reído	había reído	reiría	ría		ría
hemos reído	habíamos reído	reiríamos	riamos		riamos
han reído	habían reído	reirían	rían		rían

REPETIR

Presente	Pretérito	Copretérito	Futuro	Gerundio
repito	repetí	repetía	repetiré	repitiendo
repites	repetiste	repetías	repetirás	
repite	repitió	repetía	repetirá	
repetimos	repetimos	repetíamos	repetiremos	
repiten	repitieron	repetían	repetirán	

Antepresente	Antecopretérito	Pospretérito	Presente subjuntivo	Imperativo	
he repetido	había repetido	repetiría	repita		repite
has repetido	habías repetido	repetirías	repitas	no	repitas
ha repetido	había repetido	repetiría	repita		repita
hemos repetido	habíamos repetido	repetiríamos	repitamos		repitamos
han repetido	habían repetido	repetirían	repitan		repitan

RESOLVER

Presente	Pretérito	Copretérito	Futuro	Gerundio
resuelvo	resolví	resolvía	resolveré	resolviendo
resuelves	resolviste	resolvías	resolverás	
resuelve	resolvió	resolvía	resolverá	
resolvemos	resolvimos	resolvíamos	resolveremos	
resuelven	resolvieron	resolvían	resolverán	

Antepresente	Antecopretérito	Pospretérito	Presente subjuntivo	Imperativo	
he resuelto	había resuelto	resolvería	resuelva		resuelve
has resuelto	habías resuelto	resolverías	resuelvas	no	resuelvas
ha resuelto	había resuelto	resolvería	resuelva		resuelva
hemos resuelto	habíamos resuelto	resolveríamos	resolvamos		resolvamos
han resuelto	habían resuelto	resolverían	resuelvan		resuelvan

ROGAR

Presente	Pretérito	Copretérito	Futuro	Gerundio
ruego	rogué	rogaba	rogaré	rogando
ruegas	rogaste	rogabas	regarás	
ruega	rogó	rogaba	rogará	
rogamos	rogamos	rogábamos	rogaremos	
ruegan	rogaron	rogaban	rogarán	

Antepresente	Antecopretérito	Pospretérito	Presente subjuntivo	Imperativo	
he rogado	había rogado	rogaría	ruegue		ruega
has rogado	habías rogado	rogarías	ruegues	no	ruegues
ha rogado	había rogado	rogaría	ruegue		ruegue
hemos rogado	habíamos rogado	rogaríamos	roguemos		roguemos
han rogado	habían rogado	rogarían	rueguen		rueguen

ROMPER

Presente	Pretérito	Copretérito	Futuro	Gerundio
rompo	rompí	rompía	romperé	rompiendo
rompes	rompiste	rompías	romperás	
rompe	rompió	rompía	romperá	
rompemos	rompimos	rompíamos	romperemos	
rompen	rompieron	rompían	romperán	

Antepresente	Antecopretérito	Pospretérito	Presente subjuntivo	Imperativo	
he roto	había roto	rompería	rompa		rompe
has roto	habías roto	romperías	rompas	no	rompas
ha roto	había roto	rompería	rompa		rompa
hemos roto	habiamos roto	romperíamos	rompamos		rompamos
han roto	habían roto	romperían	rompan		rompan

SABER

Presente	Pretérito	Copretérito	Futuro	Gerundio
sé	supe	sabía	sabré	sabiendo
sabes	supiste	sabías	sabrás	
sabe	supo	sabía	sabrá	
sabemos	supimos	sabíamos	sabremos	
saben	supieron	sabían	sabrán	
Antepresente	**Antecopretérito**	**Pospretérito**	**Presente subjuntivo**	**Imperativo**
he sabido	había sabido	sabría	sepa	sabe
has sabido	habías sabido	sabrías	sepas	no sepas
ha sabido	había sabido	sabría	sepa	sepa
hemos sabido	habíamos sabido	sabríamos	sepamos	sepamos
han sabido	habían sabido	sabrían	sepan	sepan

SALIR

Presente	Pretérito	Copretérito	Futuro	Gerundio
salgo	salí	salía	saldré	saliendo
sales	saliste	salías	saldrás	
sale	salió	salía	saldrá	
salimos	salimos	salíamos	saldremos	
salen	salieron	salían	saldrán	
Antepresente	**Antecopretérito**	**Pospretérito**	**Presente subjuntivo**	**Imperativo**
he salido	había salido	saldría	salga	sal
has salido	habías salido	saldrías	salgas	no salgas
ha salido	había salido	saldría	salga	salga
hemos salido	habíamos salido	saldríamos	salgamos	salgamos
han salido	habían salido	saldrían	salgan	salgan

SEGUIR

Presente	Pretérito	Copretérito	Futuro	Gerundio
sigo	seguí	seguía	seguiré	siguiendo
sigues	seguiste	seguías	seguirás	
sigue	siguió	seguía	seguirá	
seguimos	seguimos	seguíamos	seguiremos	
siguen	siguieron	seguían	seguirán	

Antepresente	Antecopretérito	Pospretérito	Presente subjuntivo	Imperativo	
he seguido	había seguido	seguiría	siga		sigue
has seguido	habías seguido	seguirías	sigas	no	sigas
ha seguido	había seguido	seguiría	saiga		siga
hemos seguido	habíamos seguido	seguiríamos	sigamos		sigamos
han seguido	habían seguido	seguirían	sigan		sigan

SENTAR(SE)

Presente	Pretérito	Copretérito	Futuro	Gerundio
siento	senté	sentaba	sentaré	sentado
sientas	sentaste	sentabas	sentarás	
sienta	sentó	sentaba	sentará	
sentamos	sentamos	sentábamos	sentaremos	
sientan	sentaron	sentaban	sentarán	

Antepresente	Antecopretérito	Pospretérito	Presente subjuntivo	Imperativo	
he sentado	había sentado	sentaría	siente		sienta
has sentado	habías sentado	sentarías	sientes	no	sientes
ha sentado	había sentado	sentaría	siente		siente
hemos sentado	habíamos sentado	sentaríamos	sentemos		sentemos
han sentado	habían sentado	sentarían	sienten		sienten

SENTIR(SE)

Presente	Pretérito	Copretérito	Futuro	Gerundio
siento	sentí	sentía	sentiré	sintiendo
sientes	sentiste	sentías	sentirás	
siente	sintió	sentía	sentirá	
sentimos	sentimos	sentíamos	sentiremos	
sienten	sintieron	sentían	sentirán	

Antepresente	Antecopretérito	Pospretérito	Presente subjuntivo	Imperativo	
he sentido	había sentido	sentiría	sienta		siente
has sentido	habías sentido	sentirías	sientas	no	sientas
ha sentido	había sentido	sentiría	sienta		sienta
hemos sentido	habíamos sentido	sentiríamos	sintamos		sintamos
han sentido	habían sentido	sentirían	sientan		sientan

SER

Presente	Pretérito	Copretérito	Futuro	Gerundio
soy	fui	era	seré	siendo
eres	fuiste	eras	serás	
es	fue	era	será	
somos	fuimos	éramos	seremos	
son	fueron	eran	serán	

Antepresente	Antecopretérito	Pospretérito	Presente subjuntivo	Imperativo	
he sido	había sido	sería	sea		se
has sido	habías sido	serías	seas	no	seas
ha sido	había sido	sería	sea		sea
hemos sido	habíamos sido	seríamos	seamos		seamos
han sido	habían sido	serían	sean		sean

SERVIR

Presente	Pretérito	Copretérito	Futuro	Gerundio
sirvo	serví	servía	serviré	sirviendo
sirves	serviste	servías	servirás	
sirve	sirvió	servía	servirá	
servimos	servimos	servíamos	serviremos	
sirven	sirvieron	servían	servirán	

Antepresente	Antecopretérito	Pospretérito	Presente subjuntivo	Imperativo	
he servido	había servido	serviría	sirva		sirve
has servido	habías servido	servirías	sirvas	no	sirvas
ha servido	había servido	serviría	sirva		sirva
hemos servido	habíamos servido	serviríamos	sirvamos		sirvamos
han servido	habían servido	servirían	sirvan		sirvan

SONAR

Presente	Pretérito	Copretérito	Futuro	Gerundio
sueno	soné	sonaba	sonaré	sonando
suenas	sonaste	sonabas	sonarás	
suena	sonó	sonaba	sonará	
sonamos	sonamos	sonábamos	sonaremos	
suenan	sonaron	sonaban	sonarán	

Antepresente	Antecopretérito	Pospretérito	Presente subjuntivo	Imperativo	
he sonado	había sonado	sonaría	suene		suena
has sonado	habías sonado	sonarías	suenes	no	suenes
ha sonado	había sonado	sonaría	suene		suene
hemos sonado	habíamos sonado	sonaríamos	sonemos		sonemos
han sonado	habían sonado	sonarían	suenen		suenen

SONREÍR(SE)

Presente	Pretérito	Copretérito	Futuro	Gerundio
sonrío	sonreí	sonreía	sonreiré	sonriendo
sonríes	sonreíste	sonreías	sonreirás	
sonríe	sonrió	sonreía	sonreirá	
sonreímos	sonreímos	sonreíamos	sonreiremos	
sonríen	sonrieron	sonreían	sonreirán	

Antepresente	Antecopretérito	Pospretérito	Presente subjuntivo	Imperativo	
he sonreído	había sonreído	sonreiría	sonría		sonríe
has sonreído	habías sonreído	sonreirías	sonrías	no	sonrías
ha sonreído	había sonreído	sonreiría	sonría		sonría
hemos sonreído	habíamos sonreído	sonreiríamos	sonriamos		sonriamos
han sonreído	habían sonreído	sonreirían	sonrían		sonrían

SUGERIR

Presente	Pretérito	Copretérito	Futuro	Gerundio
sugiero	sugerí	sugería	sugeriré	sugiriendo
sugieres	sugeriste	sugerías	sugerirás	
sugiere	sugirió	sugería	sugerirá	
sugerimos	sugerimos	sugeríamos	sugeriremos	
sugieren	sugirieron	sugerían	sugerirán	

Antepresente	Antecopretérito	Pospretérito	Presente subjuntivo	Imperativo	
he sugerido	había sugerido	sugeriría	sugiera		sugiere
has sugerido	habías sugerido	sugerirías	sugieras	no	sugieras
ha sugerido	había sugerido	sugeriría	sugiera		sugiera
hemos sugerido	habíamos sugerido	sugeriríamos	sugeramos		sugeramos
han sugerido	habían sugerido	sugerirían	sugieran		sugieran

TENER

Presente	Pretérito	Copretérito	Futuro	Gerundio
tengo	tuve	tenía	tendré	teniendo
tienes	tuviste	tenías	tendrás	
tiene	tuvo	tenía	tendrá	
tenemos	tuvimos	teníamos	tendremos	
tienen	tuvieron	tenían	tendrán	
Antepresente	**Antecopretérito**	**Pospretérito**	**Presente subjuntivo**	**Imperativo**
he tenido	había tenido	tendría	tenga	ten
has tenido	habías tenido	tendrías	tengas	no tengas
ha tenido	había tenido	tendría	tenga	tenga
hemos tenido	habíamos tenido	tendríamos	tengamos	tengamos
han tenido	habían tenido	tendrían	tengan	tengan

TRADUCIR

Presente	Pretérito	Copretérito	Futuro	Gerundio
traduzco	traduje	traducía	traduciré	traduciendo
traduces	tradujiste	traducías	traducirás	
traduce	tradujo	traducía	traducirá	
traducimos	tradujimos	traducíamos	traduciremos	
traducen	tradujeron	traducían	traducirán	
Antepresente	**Antecopretérito**	**Pospretérito**	**Presente subjuntivo**	**Imperativo**
he traducido	había traducido	traduciría	traduzca	traduce
has traducido	habías traducido	traducirías	traduzcas	no traduzcas
ha traducido	había traducido	traduciría	traduzca	traduzca
hemos traducido	habíamos traducido	traduciríamos	traduzcamos	traduzcamos
han traducido	habían traducido	traducirían	traduzcan	traduzcan

TRAER

Presente	Pretérito	Copretérito	Futuro	Gerundio
traigo	traje	Traía	traeré	trayendo
traes	trajiste	traías	traerás	
trae	trajo	traía	traerá	
traemos	trajimos	traíamos	traeremos	
traen	trajeron	traían	traerán	

Antepresente	Antecopretérito	Pospretérito	Presente subjuntivo	Imperativo	
he traído	había traído	traería	traiga		trae
has traído	habías traído	traerías	traigas	no	traigas
ha traído	había traído	traería	traiga		traiga
hemos traído	habíamos traído	traeríamos	traigamos		traigamos
han traído	habían traído	traerían	traigan		traigan

VALER

Presente	Pretérito	Copretérito	Futuro	Gerundio
valgo	valí	valía	valdré	valiendo
vales	valiste	valías	valdrás	
vale	valió	valía	valdrá	
valemos	valimos	valíamos	valdremos	
valen	valieron	valían	valdrán	

Antepresente	Antecopretérito	Pospretérito	Presente subjuntivo	Imperativo	
he valido	había valido	valdría	valga		vale
has valido	habías valido	valdrías	valgas	no	valgas
ha valido	había valido	valdría	valga		valga
hemos valido	habíamos valido	valdríamos	valgamos		valgamos
han valido	habían valido	valdrían	valgan		valgan

VENIR

Presente	Pretérito	Copretérito	Futuro	Gerundio
vengo	vine	venía	vendré	viniendo
vienes	viniste	venías	vendrás	
viene	vino	venía	vendré	
venimos	vinimos	veníamos	vendremos	
vienen	vinieron	venían	vendrán	

Antepresente	Antecopretérito	Pospretérito	Presente subjuntivo	Imperativo	
he venido	había venido	vendría	venga		ven
has venido	habías venido	vendrías	vengas	no	vengas
ha venido	había venido	vendría	venga		venga
hemos venido	habíamos venido	vendríamos	vengamos		vengamos
han venido	habían venido	vendrían	vengan		vengan

VER

Presente	Pretérito	Copretérito	Futuro	Gerundio
veo	vi	veía	veré	viendo
ves	viste	veías	verás	
ve	vio	veía	verá	
vemos	vimos	veíamos	veremos	
ven	vieron	veían	verán	

Antepresente	Antecopretérito	Pospretérito	Presente subjuntivo	Imperativo	
he visto	había visto	vería	vea		ve
has visto	habías visto	verías	veas	no	veas
ha visto	había visto	vería	vea		vea
hemos visto	habíamos visto	veríamos	veamos		veamos
han visto	habían visto	verían	vean		vean

VESTIR(SE)

Presente	Pretérito	Copretérito	Futuro	Gerundio
visto	vestí	vestía	vestiré	vistiendo
vistes	vestiste	vestías	vestirás	
viste	vistió	vestía	vestirá	
vestimos	vestimos	vestíamos	vestiremos	
visten	vistieron	vestían	vestirán	

Antepresente	Antecopretérito	Pospretérito	Presente subjuntivo	Imperativo	
he vestido	había vestido	vestiría	vista		viste
has vestido	habías vestido	vestirías	vistas	no	vistas
ha vestido	había vestido	vestiría	vista		vista
hemos vestido	habíamos vestido	vestiríamos	vistamos		vistamos
han vestido	habían vestido	vestirían	vistan		vistan

VOLAR

Presente	Pretérito	Copretérito	Futuro	Gerundio
vuelo	volé	volaba	volaré	volando
vuelas	volaste	volabas	volarás	
vuela	voló	volaba	volará	
volamos	volamos	volábamos	volaremos	
vuelan	volaron	volaban	volarán	

Antepresente	Antecopretérito	Pospretérito	Presente subjuntivo	Imperativo	
he volado	había volado	volaría	vuele		vuela
has volado	habías volado	volarías	vueles	no	vueles
ha volado	había volado	volaría	vuele		vuele
hemos volado	habíamos volado	volaríamos	volemos		volemos
han volado	habían volado	volarían	vuelen		vuelen

VOLVER

Presente	Pretérito	Copretérito	Futuro	Gerundio
vuelvo	volví	volvía	volveré	volviendo
vuelves	volviste	volvías	volverás	
vuelve	volvió	volvía	volverá	
volvemos	volvimos	volvíamos	volveremos	
vuelven	volvieron	volvían	volverán	

Antepresente	Antecopretérito	Pospretérito	Presente subjuntivo	Imperativo	
he vuelto	había vuelto	volvería	vuelva		vuelve
has vuelto	habías vuelto	volverías	vuelvas	no	vuelvas
ha vuelto	había vuelto	volvería	vuelva		vuelva
hemos vuelto	habíamos vuelto	volveríamos	volvamos		volvamos
han vuelto	habían vuelto	volverían	vuelvan		vuelvan

LA EDICIÓN, COMPOSICIÓN, DISEÑO E IMPRESIÓN DE ESTA OBRA FUERON REALIZADOS
BAJO LA SUPERVISIÓN DE GRUPO NORIEGA EDITORES
BALDERAS 95, COL. CENTRO. MÉXICO, D.F. C.P. 06040
128879500**15AGOSTO2013**511DP9212I